COMÉDIES

EN VERS

PARIS — IMPRIMERIE DE J. CLAYE

RUE SAINT-BENOIT, 7

CAMILLE DOUCET

COMÉDIES

EN VERS

TOME SECOND

PARIS

MICHEL LÉVY FRÈRES, LIBRAIRES

RUE VIVIENNE, 2 BIS

1858

LE
BARON DE LAFLEUR

COMÉDIE EN TROIS ACTES

Représentée pour la première fois à Paris,
sur le théâtre de l'Odéon (second Théâtre-Français), le 13 décembre 1842.
Reprise au Théâtre-Français, le 1er août 1851.

PERSONNAGES

SALMON.   MM. MONROSE.
CHARLE.   CHÉRY.
PIERRE DURAND.   MAUBANT.
UN NOTAIRE.   MATHIEN.
MADAME DURAND DE SAINTE-URSULE.   Mmes THÉNARD.
EMMA, sa petite-fille.   FIX.
MADEMOISELLE HORLIER.   BIRON.

La scène se passe dans une auberge de village, sous le règne de Louis XVI.

LE
BARON DE LAFLEUR

ACTE PREMIER

Le théâtre représente une grande salle d'auberge; trois portes au fond, une porte à droite et à gauche.

SCÈNE PREMIÈRE.

PIERRE, MADEMOISELLE HORLIER.

PIERRE.

C'est une vieille folle.

MADEMOISELLE HORLIER.

Oh! pour cela, d'accord.
Vous la traiteriez mieux que vous lui feriez tort.
Mais vous ne pourrez rien y changer, monsieur Pierre,
Elle sera toujours d'un grand siècle en arrière ;
Du feu roi Louis Quinze elle a vu les beaux jours,
Et, depuis cinquante ans, elle s'y croit toujours ;
C'est passé dans le sang ; elle fait de la vie

Un vieux roman d'amour et de chevalerie...
Dans cette auberge-ci, qu'elle appelle un hôtel,
Elle attend que le Duc ou bien le Comte un tel,
S'amourachant au vol des charmes de sa fille,
Sollicite l'honneur d'entrer dans sa famille...
Depuis près de deux ans qu'elle vit de refus,
Elle en a l'habitude et ne s'en fâche plus.
Quoi qu'il en soit, toujours elle est sur le qui-vive :
Dès qu'un noble étranger dans son auberge arrive,
Avec mademoiselle elle se trouve là,
Et d'un air souriant vient vous dire : Voilà !
Personne à l'hameçon ne mord... et de plus belle,
Madame à tout venant montre mademoiselle ;
A tout venant veut dire à tout... noble venant ;
Car ce qui n'est pas noble est pour elle néant.

PIERRE.

Et cela lui sied bien.

MADEMOISELLE HORLIER.

Cela, du moins, l'amuse ;
Et votre tante, au fait...

PIERRE.

Ma tante est sans excuse ;

Qu'elle rêve pour elle à ce qui lui plaira ;
Toujours on en a ri, toujours on en rira,
Rien de mieux ; qu'un peu plus un peu moins ridicule,
Elle s'appelle ou non Durand de Sainte-Ursule,
Tout cela ne fait rien ; mais ce qui fait beaucoup,
Ce que je trouve mal, ce qu'on blâme partout,
C'est que de ses conseils la fatale influence,
Sur ma cousine Emma, pauvre enfant sans défense,
Produisant chaque jour un plus funeste effet,
La perdra tôt ou tard, si ce n'est déjà fait !
Orpheline au berceau, seule avec sa grand'mère,
En l'imitant, Emma sans doute a cru bien faire.
Ses instincts étaient bons, honnêtes, généreux,
Mais le mauvais exemple a prévalu sur eux...
Aussi chacun s'en moque, et moi j'ai l'avantage
De nous voir tous les trois la fable du village.
J'aurais voulu qu'étant sans fortune et sans nom,
Emma prît un mari comme elle.

MADEMOISELLE HORLIER.

Vous ?

PIERRE.

Moi !... non.
J'avais tort d'y penser ; c'était une sottise...

J'ai près de quarante ans, et suis sous la remise ;
Si je me mariais... plus tard j'y songerai...

MADEMOISELLE HORLIER.

A la bonne heure.

PIERRE.

Alors je vous en parlerai.
Vous me comprenez, vous, honnête et brave fille ;
Mais ma cousine Emma, si jeune, si gentille,
Un vieux marin grognon n'est pas ce qu'il lui faut ;
Elle trouvera mieux ; mais sans chercher plus haut.
Qu'elle prenne, mon Dieu, puisqu'elle a tant la rage
D'accrocher pour mari quelque oiseau de passage,
Ce jeune voyageur, estimable garçon
Qui voudrait l'épouser, qui le dit sans façon.

MADEMOISELLE HORLIER.

Monsieur Charle ?

PIERRE.

Depuis deux mois le pauvre diable
Perd bonnement son temps à faire l'agréable ;
Sans que l'on songe même à s'occuper de lui.

MADEMOISELLE HORLIER.

Si vraiment... on l'a mis à la porte aujourd'hui,

PIERRE.

Ah!

MADEMOISELLE HORLIER.

Madame a pensé qu'un homme de son âge
Au baron, qu'elle attend, porterait quelque ombrage ;
Et comme ce baron, dès qu'il nous connaîtra,
De nous offrir sa main, bien sûr, s'empressera,
Pour hâter son bonheur nous préparons sa perte ;
Mademoiselle Emma, de bijoux faux couverte,
A le bien recevoir travaille en ce moment ;
Et déjà pour l'époux on a chassé l'amant.
Si le pauvre baron sain et sauf en réchappe,
Il aura du bonheur.

PIERRE, à part.

Encore un qu'on attrape.

MADEMOISELLE HORLIER.

Les voici... je me sauve.

A part.

Il souffre et ne dit rien.
Pauvre Pierre... Un mari comme lui m'irait bien !

SCÈNE II.

PIERRE, MADAME DURAND, EMMA.

MADAME DURAND.

Admirable! divine!... Entrez, baronne... Pierre,
Qu'en dites-vous?

PIERRE.

Moi? rien!

EMMA.

Vous me flattez, grand'mère.

MADAME DURAND.

J'ai des yeux, je te vois, t'admire, et te le dis...
Et monsieur le baron sera de mon avis;
Je t'en réponds.

EMMA.

J'ai peur...

MADAME DURAND

Non, crois-en ma promesse.

EMMA.

Et s'il me refusait?

MADAME DURAND.

Je te ferais comtesse!

ACTE I, SCÈNE II.

PIERRE, à part.

Encore !

MADAME DURAND.

Malepeste ! avec de pareils yeux,
On peut prétendre à tout, sans être ambitieux.
Aujourd'hui la noblesse est la seule puissance,
Mais celle de beauté vaut celle de naissance ;
Les hommes ont besoin de titres et d'aïeux...
Une femme jolie est aussi noble qu'eux !
On n'exige pas d'elle une illustre famille ;
Elle est belle, il suffit... elle est noble ; oui, ma fille,
Avec un tel mérite, il n'est titre ni rang
Qui ne vous soit ouvert.

PIERRE.

En vous déshonorant !

MADAME DURAND.

Plaît-il ?

PIERRE.

Vous m'entendrez... j'ai lâché les écluses ;
Dussé-je, en finissant, vous faire des excuses,
Je parlerai, morbleu ! puisqu'il en est ainsi...
Vous aimez votre fille, et moi, je l'aime aussi ;

Mais nous ne l'aimons pas de la même manière :
Votre amour vous aveugle, et mon amour m'éclaire.
En aspirant trop haut, vous n'arrivez à rien.
Vous lui faites du mal en voulant trop son bien.
A quoi bon, s'il vous plaît, ces rêves de noblesse
Dont vous venez en l'air séduire sa jeunesse ?
A quoi bon ces grands mots, ces blasons prétendus
Que je ne comprends pas, morbleu ! ni vous non plus !
D'une honnête personne est-ce l'honnête mise ?
Vous l'ornez de clinquant comme une marchandise ;
Sous des fleurs de papier vous cachez ses cheveux ;
Vous flétrissez son front de diamants douteux,
Et dans cet attirail vous la mettez en montre,
Pour surprendre au passage un baron de rencontre,
Un insolent baron qui, quand il la verra,
Rira de votre fille, et vous méprisera.

MADAME DURAND.

Mais, monsieur mon neveu...

PIERRE.

Mais, madame ma tante,
C'est là que vous conduit votre amour imprudente.
Au lieu de la tromper par tous vos songes creux,

Au lieu de l'anoblir par un nom frauduleux,
Il fallait cultiver la bonté naturelle
Des sentiments heureux qu'on découvrait en elle;
Vous l'auriez vue alors, respectable pour tous,
Trouver sans artifice, au lieu d'un, vingt époux...
Une femme a toujours un moyen légitime
De forcer notre amour en forçant notre estime :

MADAME DURAND.

Votre estime, mon cher, on en fait peu de cas,
Et quant à votre amour, ma fille n'en veut pas.

PIERRE.

Elle a tort... mais bientôt peut-être, rebutée
D'être toujours offerte et toujours rejetée,
Votre fille ouvrira ses yeux, et quelque jour
De votre aveuglement accusera l'amour.
Alors vous aurez beau lui jeter à la tête
Vos orgueilleux projets de gloire et de conquête;
Il ne sera plus temps; vous la verrez, morbleu!
Aussi vrai que je suis Durand votre neveu,
Heureuse d'être enfin, en dépit de sa mère,
Femme d'un bon marchand ou de son cousin Pierre.

MADAME DURAND.

D'un marchand! mon Emma la femme d'un marchand!

PIERRE.

Et, s'il s'en présente un, prenez-le sur-le-champ.

MADAME DURAND.

J'aimerais mieux la voir fille toute sa vie !

PIERRE.

Cela pourra bien être...

MADAME DURAND.

Et j'en serai ravie !

Déroger à ce point !

PIERRE.

Déroger !... Ah ! non pas.

Le grand-papa Durand était marchand de bas.

MADAME DURAND.

Son grand-père, Monsieur, ne fait rien à l'affaire ;
Je le pris, je fis mal, et j'aurais pu mieux faire ;
Il ne tenait qu'à moi d'épouser un beau nom :
J'avais seize ans alors, mais pas d'ambition,
Je refusai... Ma fille est mon bonheur, ma gloire,
Je la veux noble et riche ; elle n'a qu'à me croire,
Et je la fais baronne, ou j'y perdrai mon nom.

PIERRE.

Vous perdrez peu de chose.

ACTE I, SCÈNE II.

MADAME DURAND.

Et, qu'il vous plaise ou non,
Je lui donne ce soir, en hymen légitime...

PIERRE.

Ce baron inconnu... voyageur anonyme,
Promis depuis un siècle avec tant de fracas,
Que l'on attend toujours, et qui n'arrive pas !

MADAME DURAND.

Il arrive aujourd'hui, j'en reçois la nouvelle ;
Ma cousine Bernard, qui l'a logé chez elle,
Me l'écrit. Mais j'entends marcher dans les salons.
Si c'était lui...

A Pierre.

Sortez.

A Emma.

Tenez-vous droite... allons...

Elle voit Charle.

Encor cet importun !

EMMA, à part.

Grands dieux ! c'est monsieur Charle !

SCÈNE III.

PIERRE, MADAME DURAND, EMMA, CHARLE.

CHARLE.

Madame, j'ai...

MADAME DURAND.

Bonjour.

CHARLE, bas, à Emma.

Il faut que je vous parle,
A vous seule.

MADAME DURAND.

Ainsi donc vous nous quittez ?

CHARLE.

Ce soir ;
Pour la dernière fois j'ai l'honneur de vous voir.

MADAME DURAND.

Franchement, vous partez...

CHARLE.

Fort à propos, je pense.

MADAME DURAND.

J'attendais votre chambre avec impatience.

CHARLE, bas, à Emma.

Ce soir; vous l'entendez, Emma.

PIERRE, à part.

Pauvre garçon!

CHARLE, à madame Durand.

Disposez-en, Madame.

MADAME DURAND.

Elle est pour un baron,
Qui va vous succéder.

CHARLE.

Et je l'en félicite.

A part.

Je comprends maintenant l'orgueil de la petite.

Haut.

Recevez mes adieux et mes regrets...

A Emma.

Vraiment,
Ces bijoux et ces fleurs vous vont divinement.

MADAME DURAND.

C'est simple!

CHARLE.

Cette robe, à point décolletée,
Est du dernier bon goût... et puis si bien portée!
Si je juge par moi de monsieur le baron,

Je vous promets au moins son admiration.

EMMA.

Et qui vous fait penser, Monsieur, qu'on la désire?

CHARLE.

Pouvez-vous empêcher que chacun vous admire?
Tout homme à la beauté paie un tribut flatteur;
On cède sans contrainte à son charme enchanteur;
En la voyant on l'aime, et, s'il faut qu'on la quitte,
On emporte un regret que son absence irrite;
On pleure d'avoir vu ce qu'on ne doit plus voir :
Je puis vous en parler, moi, qui m'en vais ce soir.

MADAME DURAND.

Et qu'y faire?... accusez, mon cher, la destinée.
Soyez noble, demain elle vous est donnée.

CHARLE.

C'est juste, et d'un regret pourquoi me tourmenter?
Quand on n'en laisse pas, faut-il en emporter?
Adieu, Mademoiselle...

EMMA.

Adieu, Monsieur.

CHARLE, à madame Durand.

Madame...

Il salue et se retire.

MADAME DURAND.

S'il vous tombe du ciel en route quelque femme,
Épousez-la, mon cher, croyez-moi.

CHARLE, s'arrêtant.

J'essaîrai ;
Votre conseil est sage, et j'en profiterai.
Adieu, Madame...

Il sort.

SCÈNE IV.

PIERRE, MADAME DURAND, EMMA,
MADEMOISELLE HORLIER.

MADAME DURAND.

Adieu... Je meurs d'impatience :
Le baron ne vient pas, et la journée avance.

PIERRE.

Vous avez fait encore une école aujourd'hui ;
Ce jeune homme était bien...

MADAME DURAND.

Nous avons mieux que lui !

PIERRE.

Peut-être.

<small>On entend sonner la cloche qui annonce une arrivée.</small>

MADAME DURAND.

Entendez-vous! le voilà... j'en suis sûre.

PIERRE.

Au diable le baron !

MADEMOISELLE HORLIER, entrant.

Madame, une voiture.

MADAME DURAND.

Eh bien !

MADEMOISELLE HORLIER.

Un beau monsieur qu'à peine j'ai pu voir,
Tant il disparaissait sous un long manteau noir...

MADAME DURAND.

C'est lui.

MADEMOISELLE HORLIER.

Vient d'en sortir... et demande l'hôtesse.

MADAME DURAND.

J'y vais... j'y cours... mais non... j'ai peur si je me presse...
Il vaut mieux... — Pierre, allez.

ACTE I, SCÈNE IV.

PIERRE.

Moi?...

MADEMOISELLE HORLIER.

J'y vais.

MADAME DURAND.

Pas du tout...
Un domestique mâle est beaucoup mieux.

PIERRE.

Surtout
Lorsque ce domestique est de votre famille...
Votre propre neveu, cousin de votre fille !
Mais je suis las, enfin, de ce rôle honteux,
De valet complaisant et de parent douteux ;
De mon trop de bonté votre exigence abuse ;
Je n'y saurais tenir... désormais je refuse
D'entrer dans vos complots, que je trouve mauvais !
Je n'irai pas...

EMMA.

C'est mal, monsieur Pierre.

PIERRE.

J'y vais !

Il sort.

SCÈNE V.

Les Mêmes, excepté PIERRE.

MADEMOISELLE HORLIER, à part.

J'en étais sûre... un homme est bien sot quand il aime.

MADAME DURAND.

Mademoiselle Horlier, veillez à tout vous-même ;
Soyez à la cuisine, à l'office, au cellier...
Voyez si rien ne manque aux chambres du premier,
Si tous les lits sont faits, si le dîner s'apprête...
Vite, allez...

MADEMOISELLE HORLIER, à part.

Pauvre femme... elle en perdra la tête !

Elle sort.

SCÈNE VI.

MADAME DURAND, EMMA.

MADAME DURAND.

Toi, ma fille, voici le moment arrivé ;
Il faut qu'en te voyant son cœur soit enlevé !...
Des excellents conseils de ta vieille grand'mère,

Souviens-toi, chère enfant... il faut... je crains... j'espère ;
Tâche... je ne sais plus ce que je dis, mon Dieu !...
S'il parle, il faut sourire... il faut parler fort peu...

EMMA.

Je ne parle jamais...

MADAME DURAND.

C'est bien... il faut encore
Ne pas trop laisser voir que son choix nous honore,
Et puis... mais le voilà...

SCÈNE VII.

MADAME DURAND, EMMA, SALMON.

SALMON, en dehors.

C'est bon... pour le moment,
Je retiens tout l'hôtel... allez...

Il entre.

MADAME DURAND.

Il est charmant !

PIERRE.

Entrez, Monsieur... Voici madame Sainte-Ursule.

Il sort.

SALMON, à part.

C'est bien elle... ma foi, coquette et ridicule,

Le portrait est frappant...

Haut.

Madame, j'ai l'honneur
D'être votre valet...

MADAME DURAND.

Monsieur est voyageur ?

SALMON.

Madame de Bernard vous a parlé peut-être...

MADAME DURAND.

En effet, j'aurais dû déjà vous reconnaître...
Mais de vous voir si tôt je ne me flattais pas.

SALMON.

Je croyais...

MADAME DURAND.

Elle fait de vous le plus grand cas.

SALMON.

Quoi ! vraiment ?

MADAME DURAND.

Très-vraiment.

SALMON, à part.

Ah ! diable !... c'est dommage...
Je noterai cela pour mon prochain voyage...

MADAME DURAND.

Oserai-je, Monsieur, demander votre nom?

SALMON.

Salmon... pour vous servir.

MADAME DURAND.

Plaît-il?

SALMON.

Salmon.

MADAME DURAND.

Salmon!

A part.

Ah! j'oubliais!... ment-il avec effronterie!
A nous deux, cher baron...

Haut.

Permettez, je vous prie...

Elle lui présente Emma.

C'est ma petite-fille...

SALMON.

Elle est fort bien.

MADAME DURAND.

Pas mal...

SALMON, à part.

Est-ce que nous serions encore en carnaval?

MADAME DURAND.

Pour parler autrement vous êtes trop aimable.

SALMON.

Non, pardieu... sur l'honneur, je la trouve adorable.

MADAME DURAND.

Faites-nous donc, Monsieur, l'honneur de vous asseoir.

SALMON.

On m'attend.

MADAME DURAND.

Quoi ! déjà... nous vous verrons ce soir ?

SALMON.

Je l'espère...

MADAME DURAND.

Avec nous vous dînez ?

SALMON.

Mais, Madame...

MADAME DURAND.

Oh ! vous ne pouvez pas refuser une femme...
Vous êtes trop galant, et vous me céderez.

SALMON.

Puisque vous l'exigez, Madame...

ACTE I, SCÈNE VII.

MADAME DURAND.

> Vous viendrez.

SALMON.

J'aurai cet honneur-là.

MADAME DURAND.

> Je vous en remercie.

SALMON.

A ce soir donc.

MADAME DURAND, le reconduisant.

Je vais...

SALMON.

> Oh! je vous en supplie...

A part.

Cette femme a du bon.

MADAME DURAND.

> Je vous laisse.

SALMON.

> A propos,

Faites-nous pour demain préparer des chevaux...

MADAME DURAND.

Nos meilleurs sont pour vous, Monsieur, sans aucun doute.

SALMON.

Demain, avec le jour, nous nous mettons en route.

MADAME DURAND.

Pour aller admirer notre charmant pays?

SALMON.

Non, pas précisément... pour aller à Paris.

MADAME DURAND.

A Paris!... quoi! demain vous partez...

SALMON.

Oui, Madame...
Nous partons à regret... mais Paris nous réclame.

Il sort.

SCÈNE VIII.

MADAME DURAND, EMMA.

EMMA.

Demain!...

MADAME DURAND.

Il part demain! quel affreux embarras!
Tout est perdu s'il part!... il ne partira pas!

EMMA.

Mais comment?

MADAME DURAND.

O mon Dieu!... je... ma tête s'égare...
Si moi-même... oui, je puis... le moyen est bizarre,

ACTE I, SCÈNE VIII.

Il est désespéré... mais qu'importe!... et d'ailleurs,
Nous n'avons pas le temps d'en chercher de meilleurs.

Elle s'assied et écrit.

« A deux heures, ce soir, je serai seule dans le grand
« salon.   « EMMA. »

Elle ferme la lettre et se lève.

A Emma.

Je t'aime, tu le sais... ton bonheur seul m'occupe;
D'un honneur mal compris autrefois je fus dupe :
Un grand seigneur m'aimait... pour ce brillant hymen
Il ne fallait qu'un mot... rien qu'un mot de ma main...
Surpris au rendez-vous, il n'eût pu se dédire;
J'étais comtesse, Emma... mais je n'osai l'écrire...
Il s'éloigna... depuis, je ne le revis plus !
Si tu savais quels pleurs m'a coûtés ce refus...
Quels regrets... ah! du moins que mon erreur t'éclaire...
D'ailleurs... je serai là...

EMMA.

Comment ?

MADAME DURAND.

On vient... c'est Pierre...
Silence!... pas un mot!... pas un !...

Elle sort.

EMMA.

Je le crois bien...
Qu'est-ce que je pourrais dire, je ne sais rien?

SCÈNE IX.

EMMA, PIERRE.

PIERRE.

Emma... je vous cherchais... il faut que je vous parle!

EMMA.

Mon Dieu, qu'avez-vous donc?

PIERRE.

Je quitte monsieur Charle.

EMMA.

Ah!

PIERRE.

Il vous aime, Emma... peut-être l'aimez-vous...
Vous pouvez franchement l'avouer entre nous...
Voyons; je vous en prie, un peu de confiance;
De mon vieux dévoûment croyez l'expérience.
Je ne viens plus pour moi vous parler... désormais
Oubliez, j'y consens, combien je vous aimais...
Qu'est-ce que mon bonheur quand il s'agit du vôtre!

Je vous demande, Emma, votre main... pour un autre.
Pour ce brave garçon qui veut vous épouser.
Vous ne répondez pas... pourriez-vous refuser ?
J'ai peur de vous comprendre... ô Dieu, que vous dirai-je !
Chère Emma, vous marchez ici de piége en piége !
Croyez-moi, j'aurais dû vous le dire plus tôt,
Votre mère vous trompe... elle vous aime trop !
Sa folle ambition vous perdra sans ressource.
Pour arrêter le mal encore dans sa source,
Il faut ouvrir vos yeux ; c'est un devoir sacré
Qui me reste à remplir, et je le remplirai.
Peut-être avez-vous cru que ma seule tendresse
M'exposait aux dédains que j'endurais sans cesse,
Et qu'en dépit de vous, retenu dans ces lieux,
Je nourrissais toujours un espoir malheureux.
Non... j'avais dès longtemps su lire dans votre âme ;
Je vous aimais en sœur encore plus qu'en femme,
Et, voyant des écueils sous vos pas s'élever,
Je restais près de vous, afin de vous sauver.
Lorsque le ciel trop tôt rappela votre père,
J'étais là, près de lui... Pierre, me dit-il, Pierre,
Je te donne ma fille... elle a besoin de toi,
Ma mère la perdrait...

EMMA.

Monsieur!

PIERRE.

Ce n'est pas moi;
C'est lui... c'est votre père! écoutez sa parole;
C'était un homme sage... et votre mère est folle.
Il la connaissait bien... Alors je lui promis
De quitter le vaisseau, de me rendre au pays;
De veiller sur sa fille et lui servir de frère;
Et de l'instruire au bien en parlant de son père...
Il me crut... pauvre Étienne... et me serra la main.
La mer se referma sur lui le lendemain!
Ce fut un jour de deuil pour tout notre équipage;
On se disait : Durand a fait le grand naufrage!
Et puis... car on n'est pas honnête homme pour rien,
Les amis pleuraient tous...

A part.

Elle pleure! oh! c'est bien!

Haut.

Je quittai le service en arrivant en France;
J'avais, quoique marin, une modeste aisance;
Je comptais vous l'offrir, mais je fus repoussé...
Lorsque je vins ici j'en fus presque chassé;

J'espérais votre main, on me fit domestique !
Je consentis à tout, et j'entrai sans réplique ;
Votre père mourant avait reçu ma foi ;
L'honneur de la tenir me faisait une loi.
Mais, si de vous sauver perdant toute espérance,
Je ne vous devais plus servir par ma présence,
N'ayant rien désormais qui pût me retenir,
Je partirais, Emma, pour ne plus revenir.
Oh ! je vous en supplie, un mot, un mot encore...
Ce jeune homme... son cœur est noble ; il vous adore !
Ne sacrifiez pas un bonheur assuré
Contre un rêve toujours vainement espéré ;
Ne persévérez pas dans une erreur funeste...
Croyez-moi, croyez-moi... Je ne pars pas, je reste !
Sur ta fille pour toi je puis encor veiller,
Cher Étienne !...

SCÈNE X.

Les Mêmes, MADEMOISELLE HORLIER.

EMMA.

Que veut mademoiselle Horlier ?

MADEMOISELLE HORLIER.

On vous demande en bas.

EMMA.

Qui donc?

MADEMOISELLE HORLIER.

Votre grand'mère.

EMMA.

J'y vais...

PIERRE.

Songez, Emma, songez à votre père!

Emma sort.

MADEMOISELLE HORLIER, à part.

Pauvre Pierre...

PIERRE.

Pourvu qu'il ne soit pas trop tard!

Il sort.

MADEMOISELLE HORLIER.

Mais elle m'a, je crois, lancé certain regard...
Prendrait-il fantaisie à la petite sotte
De se moquer de moi... parbleu, qu'elle s'y frotte!
Je me souviens encor de mon ancien métier;
Lisette vengerait mademoiselle Horlier.

SCÈNE XI.

MADEMOISELLE HORLIER, SALMON.

SALMON.

Holà ! quelqu'un !

MADEMOISELLE HORLIER.

Dieux !

SALMON.

Ciel !

MADEMOISELLE HORLIER.

C'est vous !

SALMON.

C'est toi !

MADEMOISELLE HORLIER.

Moi-même !
Monsieur Lafleur !

SALMON.

Lisette ! Ah ! ma joie est extrême !

MADEMOISELLE HORLIER.

Vous êtes donc...

SALMON.

Je suis... furieux contre vous!

Depuis quand l'étiquette a-t-elle cours chez nous ?
Je t'appelle Lisette... ainsi fais-moi la grâce
De m'appeler Lafleur ; et viens que je t'embrasse.

MADEMOISELLE HORLIER.

Toujours fat !

SALMON.

Je me sens rajeuni de dix ans...
Dix ans ! t'en souviens-tu ? c'était là le bon temps ?

MADEMOISELLE HORLIER.

Lafleur était si gai !

SALMON.

Lisette si gentille !
J'étais bien bon enfant.

MADEMOISELLE HORLIER.

Et moi, bien bonne fille !

SALMON.

Pas trop !

MADEMOISELLE HORLIER.

Vraiment !

SALMON.

Pas trop !

MADEMOISELLE HORLIER.

Et pourquoi, s'il vous plaît?

SALMON.

Auriez-vous oublié...

MADEMOISELLE HORLIER.

Quoi donc?

SALMON.

Certain soufflet...

MADEMOISELLE HORLIER.

Que j'ai donné?

SALMON.

Que j'ai reçu!

MADEMOISELLE HORLIER.

Toi?

SALMON.

Je l'avoue.
La main de l'innocence est rude sur la joue...
L'innocence, ma chère, était ton seul défaut.

MADEMOISELLE HORLIER.

Ce n'était pas le tien.

SALMON.

Non... de beaucoup s'en faut.

MADEMOISELLE HORLIER, à part.

Un peu plus honnête homme, il m'eût tourné la tête.

SALMON, à part.

Un peu moins vertueuse, elle eût été parfaite...

Haut.

Ah çà, dis-moi, pendant ces dix éternités,
Qu'as-tu fait?

MADEMOISELLE HORLIER.

J'ai vieilli de dix ans.

SALMON.

Vous mentez,
Lisette; vos attraits me prouvent au contraire
Que le temps a pour vous marché, mais en arrière.

MADEMOISELLE HORLIER.

Oh! grâce... épargne-moi ce galimatias
De fades compliments auxquels je ne crois pas :
Si mes quelques attraits...

SALMON.

Quelques est bien modeste,
Trop modeste...

MADEMOISELLE HORLIER.

Je sais fort bien ce qui m'en reste,
Et je ne prétends pas, par abus de raison,

De ma jeunesse ici faire abnégation...

J'ai l'œil vif, le pied leste, et sur mon front sans rides

Je ne vois pas encore un brevet d'invalides.

Mais enfin, l'âge mûr commence; avant un mois,

J'aurai trente-trois ans...

SALMON.

Trente-deux !

MADEMOISELLE HORLIER.

Trente-trois.

Aussi, ne voulant pas qu'un beau jour la vieillesse

Vînt me surprendre, après cinquante ans de jeunesse,

J'ai pris le parti sage, et m'en trouve fort bien ;

J'ai dans cette maison un emploi mitoyen,

Ni trop haut ni trop bas ; maîtresse ni suivante...

SALMON.

Et que diable es-tu donc ?

MADEMOISELLE HORLIER.

Intendante.

SALMON.

Intendante !

MADEMOISELLE HORLIER.

Bref Lisette, qu'il faut désormais oublier,

Te présente aujourd'hui mademoiselle Horlier.

SALMON.

Mademoiselle Horlier!... le nom est respectable ;
Mais Lisette! ah! Lisette était bien plus aimable!

MADEMOISELLE HORLIER.

Que veux-tu... le devoir...

SALMON.

Oui... je sais... Tope là !
Je ne suis plus Lafleur.

MADEMOISELLE HORLIER.

Bah!

SALMON.

Non!

MADEMOISELLE HORLIER.

Comment cela?

SALMON.

Voyant de jour en jour s'effacer sur la terre,
Des Frontin, des Lafleur la gloire héréditaire,
Je me suis fait, changeant et d'habit et de nom,
De valet, intendant, et de Lafleur, Salmon!

MADEMOISELLE HORLIER.

Salmon!

SALMON.

Pour te servir, adorable Lisette.

MADEMOISELLE HORLIER.

Peut-être bien !

SALMON.

A toi, des pieds jusqu'à la tête !

MADEMOISELLE HORLIER, à part.

Au fait ! si par son aide...

SALMON.

Item, je suis...

A part.

Mais non,
Motus pour cette fois sur madame Salmon ;
Si par hasard Lisette, en avançant en âge,
De sa vertu féroce avait perdu l'usage,
Je pourrais...

MADEMOISELLE HORLIER.

Qu'est-ce donc que tu chantes tout bas ?

SALMON.

Je chante que Lisette a toujours mille appas !
Et que si son honneur, jadis insociable,
Daignait enfin pour moi devenir plus traitable,
Je...,

MADEMOISELLE HORLIER.

Tu veux un soufflet?

SALMON.

Non pas.

MADEMOISELLE HORLIER.

Si...

SALMON.

Doucement!

MADEMOISELLE HORLIER.

Alors, tais-toi !

SALMON.

Mais...

MADEMOISELLE HORLIER.

Non ; trêve de compliment...
Il n'est pas question de faire ici l'aimable,
Parlons peu, parlons bien, si la chose est faisable :
Saurais-tu, pour un jour, redevenir Lafleur ?

SALMON.

Certe !

MADEMOISELLE HORLIER.

Avec ton esprit d'autrefois?

SALMON.

De grand cœur!

MADEMOISELLE HORLIER.

Il s'agit de me rendre un éminent service.

SALMON.

Tu n'as qu'à dire un mot pour que je t'obéisse.

MADEMOISELLE HORLIER.

Écoute-moi : peut-être as-tu vu ce matin
Notre jeune personne...

SALMON.

Une brune?

MADEMOISELLE HORLIER.

Oui.

SALMON.

Fort bien!

MADEMOISELLE HORLIER.

Sa grand'mère...

SALMON.

Une vieille!

MADEMOISELLE HORLIER.

Oui.

SALMON.

Sotte et ridicule,
Qui se fait appeler Durand de Sainte-Ursule,
Et s'appelle Durand tout court... J'ai vu cela.

MADEMOISELLE HORLIER.

Il faut nous amuser à leurs dépens.

SALMON.

Oui-dà !

MADEMOISELLE HORLIER.

Tu n'as pas remarqué, je pense, un nommé Pierre ?

SALMON.

Un beau brun ?

MADEMOISELLE HORLIER.

Juste !... il est petit-fils du beau-frère
De madame Durand...

SALMON.

Son neveu ; j'entends bien.

MADEMOISELLE HORLIER.

Et de mademoiselle, il est...

SALMON.

Cousin germain !

MADEMOISELLE HORLIER.

Et de plus, amoureux !

SALMON.

A merveille !

MADEMOISELLE HORLIER.

Au contraire,
Il la veut épouser.

SALMON.

Pauvre homme... il peut le faire !

MADEMOISELLE HORLIER.

Non, elle n'en veut pas.

SALMON.

Et que t'importe à toi,
Qu'elle le prenne ou non ?

MADEMOISELLE HORLIER.

C'est que j'en voudrais, moi.

SALMON.

Toi ?

MADEMOISELLE HORLIER.

Pourquoi pas ?

SALMON, à part.

Au fait, à quoi bon la morale ?

J'ai donné le premier l'exemple du scandale.

<small>Haut.</small>

Soit; après?

<small>MADEMOISELLE HORLIER.</small>

Sache donc que madame Durand,
Qui croit de saint Louis sortir directement,
A rêvé pour sa fille, en légal mariage,
Quelque homme jeune, riche, et du plus haut lignage.

<small>SALMON.</small>

Peste! je le crois bien...

<small>MADEMOISELLE HORLIER.</small>

Sitôt que, par bonheur,
Arrive en cet hôtel un noble voyageur,
De pompons, de rubans, par sa mère affublée,
La petite Durand se présente d'emblée,
Et, souriant d'abord au voyageur surpris,
Offre un facile amour dont l'hymen est le prix.

<small>SALMON.</small>

Tudieu!

<small>MADEMOISELLE HORLIER.</small>

Jusques ici, deux ans d'expérience
N'ont pu de leur espoir lasser la patience.
Mais cela peut venir.

ACTE I, SCÈNE XI.

SALMON.

Et, dis-moi, cependant
Que fait notre cousin ?

MADEMOISELLE HORLIER.

Monsieur Pierre ? il attend.

SALMON.

Soyez donc honnête homme !

MADEMOISELLE HORLIER.

Il attend sans se plaindre,
Sans se décourager ; mais je commence à craindre
Que madame Durand ne se décide enfin,
De refus en refus, à lui tendre la main.

SALMON.

Il faut les prévenir !

MADEMOISELLE HORLIER.

Prévenons-les, sans doute.

SALMON.

Mais il faudrait avoir quelque moyen.

MADEMOISELLE HORLIER.

Écoute :
J'en ai deux.

SALMON.

Un suffit, s'il est bon.

MADEMOISELLE HORLIER.

Le premier,
Honnête et difficile, est de la marier.

SALMON.

Le second ?

MADEMOISELLE HORLIER.

Moins honnête, est de la compromettre.

SALMON.

J'aime mieux le second.

MADEMOISELLE HORLIER.

Cependant, si ton maître,
Puisqu'elle lui plaît...

SALMON.

Qui ?

MADEMOISELLE HORLIER.

Mademoiselle Emma...
Tantôt, en un quart d'heure, il vint, la vit, l'aima.

SALMON.

Tu me la bailles belle avec tes raisons bleues !
Mon maître, pour l'instant est à plus de vingt lieues ;

Il n'est jamais venu dans cette auberge-ci,
N'y viendra que ce soir, et bien tard, Dieu merci ;
Et se soucie autant de ta petite fille,
Que de toi, de la mère, et toute la famille.

MADEMOISELLE HORLIER.

Se peut-il ? Mais pourtant il est venu quelqu'un,
Sentant la bonne souche, et non pas le commun ;
Quelqu'un qui, descendant d'un brillant équipage,
A fait, en arrivant, grand effet, grand tapage...
Retenu tout l'hôtel pour la prochaine nuit,
Et qui, dans ce salon, adroitement conduit,
A vu mademoiselle, et, d'un air agréable,
Dit que la jeune enfant lui semblait adorable.

SALMON.

J'y suis.

MADEMOISELLE HORLIER.

Comment ?

SALMON.

       Sans doute, il est venu quelqu'un
Sentant la bonne souche et non pas le commun ;
Quelqu'un qui, tout d'abord, à la fille, à la mère,
A plu d'une façon à lui très-ordinaire ;
Mais telle qu'à l'instant un honnête valet

Lui remit de leur part certain petit poulet
Que voici... c'était moi !

MADEMOISELLE HORLIER.

Toi, Lafleur !

SALMON.

Moi, la belle !

MADEMOISELLE HORLIER.

La méprise est heureuse.

SALMON.

Et toute naturelle.

MADEMOISELLE HORLIER.

On te prend pour ton maître.

SALMON.

Et l'on peut s'y tromper.

N'ai-je pas une mine...

MADEMOISELLE HORLIER.

A tous les attraper !

SALMON.

Eh bien, attrapons-les ! D'un retour de génie
Je me sens embrasé... Ce soir je te marie.
Mais au moins, ton projet...

MADEMOISELLE HORLIER.

Oui, je te le dirai.

SALMON.

Si cependant...

MADEMOISELLE HORLIER.

Plus tard, je te l'expliquerai.
Vite, séparons-nous, de peur qu'on ne soupçonne...
Adieu, Lafleur !

SALMON.

Adieu, ma reine; adieu, friponne !

MADEMOISELLE HORLIER.

La toile va lever... de l'aplomb !

SALMON.

Toi, des yeux !

MADEMOISELLE HORLIER.

Toi, du nerf !

SALMON.

Toi, du tendre... et de l'esprit tous deux !

MADEMOISELLE HORLIER.

Soyons comme autrefois, toi fripon,

SALMON.

Toi coquette.

MADEMOISELLE HORLIER.

En un mot, toi Lafleur.

SALMON.

En un mot, toi Lisette !

Ils se séparent en demi-cercle et se rencontrent au fond du théâtre.

Admirable !

MADEMOISELLE HORLIER.

Charmant !

SALMON.

Salut, de tout mon cœur,

A Lisette... Durand !

MADEMOISELLE HORLIER.

Au baron... de Lafleur !

FIN DU PREMIER ACTE.

ACTE DEUXIÈME

SCÈNE I

MADEMOISELLE HORLIER, puis SALMON.

MADEMOISELLE HORLIER.

Où peut-il être ?

Salmon entre.

Enfin, te voilà...

SALMON.

Me voici.

Je te cherchais.

MADEMOISELLE HORLIER.

Et moi, je te cherchais aussi.

Tout va très-bien.

SALMON.

Voyons ?

MADEMOISELLE HORLIER.

La mère que je quitte,
Depuis que tu l'as vue, enfle de ton mérite...

SALMON.

Je n'en suis pas surpris, c'est preuve de bon goût.

MADEMOISELLE HORLIER.

Ne t'en flatte pas trop... Ce qui lui plaît surtout,
C'est qu'elle croit pouvoir séduire ta sottise,
Et, par le bout du nez, te mener à sa guise.

SALMON.

Voyez-vous ça!... Parbleu, je vous prouverai bien,
Madame, qu'en esprit je ne vous cède rien...
Vous triomphez d'avance et chantez ma déroute,
Lisette, il faut venger notre honneur mis en doute.
Je t'aidais tout à l'heure ; aide-moi, maintenant...
Confondons notre offense et notre châtiment !
Point de pitié !... D'abord je suis sûr de la mère,
Elle me croit baron et facile à refaire,
C'est déjà quelque chose... Après.

MADEMOISELLE HORLIER.

Voici mon plan :
Tu n'iras pas ce soir au rendez-vous.

SALMON.

Pourtant...

MADEMOISELLE HORLIER.

Tu n'iras pas!

SALMON.

Alors, que faut-il que je fasse?

ACTE II, SCÈNE I.

MADEMOISELLE HORLIER.

Rien.

SALMON.

Mais ce rendez-vous?

MADEMOISELLE HORLIER.

Un autre t'y remplace.

SALMON.

Qui ça?

MADEMOISELLE HORLIER.

Certain monsieur, assez gentil garçon,
Qui depuis deux longs mois loge dans la maison,
Et qu'on soupçonne fort, à le voir si fidèle,
D'un excès d'amitié pour notre demoiselle.

SALMON.

Bien!

MADEMOISELLE HORLIER.

On ajoute même, et peut-être on a tort,
Que la jeune personne est avec lui d'accord.

SALMON.

Bravo! la comédie en vaut, ma foi, la peine...
Et pour un voyageur, c'est une bonne aubaine.
Je suis prêt, fais de moi tout ce que tu voudras.

MADEMOISELLE HORLIER.

La lettre?

SALMON.

La voici... tu la lui donneras?

MADEMOISELLE HORLIER.

Oui. Toi, soutiens toujours ton noble personnage;
Tu plais beaucoup, il faut plaire encor davantage.
Pour madame Durand sois des plus empressés;
Elle te croit déjà séduit, mais pas assez!
Et, voulant d'un seul coup assurer sa conquête,
Elle m'a confié l'honneur de ta défaite.

SALMON.

A toi?

MADEMOISELLE HORLIER.

Je viens ici te parler en son nom.

SALMON.

Tu t'acquittes fort bien de la commission.

MADEMOISELLE HORLIER.

Sans doute, j'avais pris mes mesures d'avance,
Et promis de parler en toute conscience.
C'est un moyen adroit de dire, s'il vous plaît,
Au lieu du bien soufflé, tout le mal que l'on sait.

Aussi je ne crois pas manquer à ma parole
En te disant : Madame est une vieille folle,
Ridicule, coquette, ambitieuse...

SALMON.

Bon !

MADEMOISELLE HORLIER.

Qui date son estime à partir de baron !
Dont l'esprit orgueilleux sans cesse se fatigue
A renouer les fils d'une honteuse intrigue,
Qui nous attrape tous... et toi, tout le premier !
Qui perd sa fille, au lieu de la bien marier,
Et qui la sacrifie à ses calculs infâmes !
Pout tout dire enfin, c'est...

Madame Durand paraît au fond.

La meilleure des femmes,
Bonne, franche, sensible, attentive toujours
A nos moindres désirs...

Bas.

A nos moindres discours !

SALMON, bas.

J'ai compris !

MADEMOISELLE HORLIER.

D'un beau nom, d'une grande famille !

Il sera bien heureux le mari de sa fille.
Comment la trouvez-vous?

SALMON.

Charmante!

MADEMOISELLE HORLIER.

Dites mieux:
Admirable, divine!... Avez-vous vu ses yeux?

SALMON.

Superbes!

MADEMOISELLE HORLIER.

Et sa taille!... Avez-vous vu sa taille?

SALMON.

Fort bien!

MADEMOISELLE HORLIER.

Je n'en sais pas une autre qui la vaille!
Et quel talent, Monsieur!... Avez-vous entendu
Son dernier rondeau?

SALMON.

Non.

MADEMOISELLE HORLIER.

Ah! vous avez perdu!

SALMON.

A l'adorable Emma je rends justice entière...
Mais je me sens surtout un faible pour sa mère ;
Elle m'a rappelé ma tante.

MADEMOISELLE HORLIER, bas.

Attendris-toi.

SALMON.

Ah! quel bien et quel mal elle a produit en moi !

MADEMOISELLE HORLIER, bas.

Pleure un peu.

SALMON, bas.

Tout à l'heure...

Haut.

Elle a, par sa présence,
Réveillé dans mon cœur des souvenirs d'enfance,
Des souvenirs bien doux, et d'autres bien affreux !
Elle m'a reporté vers le lit douloureux
Où je la vis, hélas, cette tante si chère,
Mourir, dans un accès...

MADEMOISELLE HORLIER.

De fièvre?...

SALMON, haut.

Oui.

Bas.

De colère...

SCÈNE II.

SALMON, MADEMOISELLE HORLIER, MADAME DURAND.

MADAME DURAND.

Je n'y puis plus tenir!..

SALMON.

Ah! Madame, c'est vous!

MADEMOISELLE HORLIER, bas à madame Durand.

Vous arrivez à temps pour porter les grands coups.

SALMON.

Nous parlions tous les deux de vous, à l'instant même.

MADAME DURAND.

Vous en disiez du mal?

MADEMOISELLE HORLIER.

Du mal des gens qu'on aime!

SALMON.

Ah! Madame!...

ACTE II, SCÈNE II.

MADEMOISELLE HORLIER.

Monsieur pleurait en me disant
Que vous lui rappeliez un souvenir cuisant.

SALMON.

Un affreux souvenir... j'ai cru revoir ma tante !...
Ne bougez pas... Voilà son image charmante,
Ses yeux, son nez, son front... c'est elle trait pour trait :
J'aimais l'original, et j'aime le portrait !
Pardonnez cet aveu.

MADAME DURAND.

Comment donc, il m'honore !

SALMON.

Me séparer de vous, c'est la quitter encore !

MADEMOISELLE HORLIER.

Qui vous force à partir ?

MADAME DURAND.

Au fait, restez chez nous.

MADEMOISELLE HORLIER.

Nous vous consolerons...

MADAME DURAND.

En pleurant avec vous !

MADEMOISELLE HORLIER.

Le pays est fort beau !

MADAME DURAND.

Sa noblesse excellente !

MADEMOISELLE HORLIER.

Madame vous fera penser à votre tante !

MADAME DURAND.

Ce serait un honneur de vous en tenir lieu.

SALMON.

Non, j'ai dit au bonheur un éternel adieu.

MADEMOISELLE HORLIER.

Ce qu'il vous faut surtout...,

MADAME DURAND.

C'est une bonne femme !
Nous vous la choisirons.

SALMON.

Que de bontés, Madame !
Je suis prêt à céder à mes émotions...
Vous m'entourez de soins, de consolations ;
Ai-je pu mériter tant de sollicitude ?
Mais mon cœur a besoin d'un peu de solitude...
Permettez...

ACTE II, SCÈNE II.

MADAME DURAND, à part.

Je comprends, l'heure du rendez-vous.

<small>Haut.</small>

Je sors; n'oubliez pas que nous comptons sur vous ;
A trois heures au plus la table sera mise.

SALMON.

Vous ne m'attendrez pas.

MADAME DURAND, à part.

Il est pris !

MADEMOISELLE HORLIER, à part.

Elle est prise !

MADAME DURAND.

Mademoiselle Horlier ?...

MADEMOISELLE HORLIER.

Madame ?

MADAME DURAND.

Suivez-moi.

<small>Elle sort.</small>

SCÈNE III.

SALMON, MADEMOISELLE HORLIER.

MADEMOISELLE HORLIER.

J'y vais !... Diable, ceci nous dérange.

SALMON.

Pourquoi ?

MADEMOISELLE HORLIER.

Notre amoureux...

SALMON.

Eh bien ?

MADEMOISELLE HORLIER.

Cette maudite lettre...

SALMON.

Donne-la-moi, parbleu; je vais la lui remettre.

MADEMOISELLE HORLIER.

Tu ne le connais pas.

SALMON.

C'est vrai... dis-moi son nom.

MADEMOISELLE HORLIER.

Charle...

SALMON.

Charle comment?

MADEMOISELLE HORLIER.

Charle, voilà tout.

SALMON.

Bon!
Mais ce n'est pas assez pour qu'on le reconnaisse.
Son âge?

MADEMOISELLE HORLIER.

Vingt-cinq ans.

SALMON.

Bien; quel genre d'homme est-ce?

MADEMOISELLE HORLIER.

Un grand, blond, mince, maigre... à cela près pas mal;
Voilà pour le physique... un sot pour le moral!

SALMON.

Il suffit, je le vois!

MADEMOISELLE HORLIER.

De plus...

SALMON.

C'est inutile;
Je le reconnaîtrais maintenant entre mille!

Il aura le billet, toi le mari... Va-t'en!

MADEMOISELLE HORLIER.

Je cours te préparer un dîner succulent...

Il n'y manquera rien; nous te traitons en maître.

SALMON.

En complice.

MADEMOISELLE HORLIER.

Oui, faquin... Baron, j'ai l'honneur d'être.

Elle sort.

SCÈNE IV.

SALMON, seul.

Allons, Lafleur, allons, aux armes, mon ami!

La guerre est déclarée, et voici l'ennemi!

Ah! madame Durand de Sainte-Ridicule,

Vous vous jouez à moi, sans crainte et sans scrupule;

Il vous faut des barons pour votre fille... oui-dà,

Vous n'avez qu'à parler, on vous en donnera!

Et moi qui, bonnement, à la ruse inhabile,

Donnais dans le panneau comme un franc imbécile,

Et qui m'extasiais en toute honnêteté

Devant les saints devoirs de l'hospitalité!

C'était à mes dépens que l'on prétendait rire,

Et je ne suis qu'un sot contre qui l'on conspire.
Non, pardieu! nous verrons qui sera le plus fort;
J'ai reçu le billet... vous en paierez le port!
Vous me tendez un piége et complotez ma chute;
Dans vos propres filets vous ferez la culbute.
Vous offrez à mon cœur un appât des plus doux;
J'irai, mais en témoin, à votre rendez-vous!
Quant à votre dîner, qui sera bon, j'espère,
Je vous ferai l'honneur d'y prendre part entière.
Et vous, mon cher grand, blond, mince et maigre rival,
Je suis au désespoir s'il vous arrive mal;
Mais Lisette avant tout! il faut que quelqu'un saute;
Ça vous revient de droit, vous avez fait la faute;
Cachez-vous, ou sinon, morbleu! point de quartier,
Je suis, dans ma colère, homme à le marier!
A moi Crispin, Scapin, Frontin, mes vieux ancêtres,
Que Lafleur aujourd'hui soit digne de ses maîtres!
En avant!

Il se retourne et voit Charle.

Eh! parbleu! je ne me trompe pas!

SCÈNE V.

SALMON, CHARLE.

CHARLE.

C'est toi, Lafleur!

SALMON.

Pardon, Monsieur; parlez plus bas.

CHARLE.

C'est vrai... monsieur Salmon.

SALMON.

Pardon! pas davantage.

CHARLE.

Et qu'es-tu donc?

SALMON.

Je suis... un baron qui voyage!

CHARLE.

Un baron!

SALMON.

Oui, Monsieur... de nouvelle façon...
On m'a baronisé sans ma permission.

CHARLE.

Je prévois là-dessous quelque ruse, mon drôle.

SALMON.

Seriez-vous assez bon pour y jouer un rôle ?

CHARLE.

Qu'est-ce à dire, faquin ?

SALMON.

Un moment, s'il vous plaît :
Autrefois, j'en conviens, je fus votre valet,
Mais aujourd'hui, Monsieur, je suis votre confrère ;
Je suis baron, mon cher marquis...

CHARLE.

Veux-tu te taire !
Je ne suis plus marquis.

SALMON.

Ah bah ! qu'êtes-vous donc ?

CHARLE.

Bourgeois, jusqu'à ce soir.

SALMON.

Comme je suis baron.

CHARLE.

Juste !

SALMON.

Décidément, c'est une épidémie

Qui règne sur les noms dans cette hôtellerie !
Personne n'a le sien... mais je suis curieux
De savoir quel attrait vous retient en ces lieux.

CHARLE.

Figure-toi, Lafleur, la plus charmante fille...

SALMON.

J'en étais sûr... Cela veut dire : assez gentille.

CHARLE.

Non ; charmante est le mot. Voici tantôt deux mois
Que je la vis ici pour la première fois...
J'allais faire à Bordeaux un brillant mariage ;
Mon cœur, en la voyant, oublia son voyage.
Je l'aimais et tâchai de lui plaire à tout prix ;
J'avais un moyen sûr, étant riche et marquis,
Mais je trouvais plus beau d'être aimé pour moi-même.

SALMON.

Ah ! Monsieur, c'est souvent un dangereux système.

CHARLE.

Aussi, j'en fus victime ; ayant caché mon nom,
Quand je parlai d'hymen, on me répondit : Non !

SALMON.

Vraiment !

CHARLE.

Je fus piqué de cette impertinence,
Et, ma foi, je n'ai pas ménagé la vengeance.

SALMON.

Que fîtes-vous?

CHARLE.

Malgré sa peur de déroger,
Elle éprouvait pour moi certain goût passager,
Et, tout en refusant mon indigne alliance,
D'un dédommagement me donna l'espérance.

SALMON.

Très-bien!

CHARLE.

Non, j'aurais dû repousser son amour.

SALMON.

Allons donc!

CHARLE.

Ou, du moins, me nommer sans détour.

SALMON.

Bah!

CHARLE.

Vouloir abuser ainsi de l'innocence,
C'est mal...

SALMON.

Cela se fait tous les jours... Mais j'y pense,
Est-ce que par hasard... attendez donc un peu...

A part.

Un grand, blond, mince, maigre et sot... C'est lui, parbleu !
Ah ! Lafleur, quelle école ici vous allez faire !

Haut.

Voulez-vous, mon cher maître, un conseil salutaire ?
Partez.

CHARLE.

Demain.

SALMON.

Ce soir... et ne revenez pas.

CHARLE.

Pourquoi donc ?

SALMON.

Je vous crois en assez mauvais pas ;
Un seul mot peut trahir ce qu'il faut qu'on ignore.

CHARLE.

Je voudrais la revoir.

SALMON.

Mais non.

CHARLE.

Je l'aime encore.

SALMON.

Alors, soyez marquis, on vous la donnera.

CHARLE.

Oui, je sais qu'autrement on me refusera.

SALMON.

Et vous balanceriez à partir au plus vite !
Êtes-vous de ces gens que l'on prend et qu'on quitte ?
Ils se moquent de vous, moquez-vous d'eux ; demain
Ils vous feraient l'affront de vous offrir sa main.

CHARLE.

Pourtant...

SALMON.

Écoutez donc : en honnête morale,
Il faut jouer toujours une partie égale...
Si l'un va franchement, et le cœur sur la main,
L'autre doit l'imiter et suivre un droit chemin.
Mais s'il veut biaiser, et lutter par finesse,
On rend guerre pour guerre, adresse pour adresse ;
On était alliés, on devient ennemis,
Toute ruse est légale, et tout moyen permis.

On ne se connaît plus, on s'observe, on se guette,
La faute est au joueur, tant pis pour qui l'a faite;
Tout compte : point d'égards; si l'un tombe, il est pris;
L'autre en doit profiter... *res est stricti juris...*
L'un porte un coup d'estoc, c'est bien; l'autre l'évite,
C'est mieux! vous le jouez, il vous joue; on est quitte!

CHARLE.

Oui, mais...

SALMON.

Comment, Monsieur, vous n'êtes pas rendu?

A part.

Au fait, tant pis pour lui; j'ai fait ce que j'ai dû;
Puisque pour le sauver ma morale est stérile,
Que son entêtement au moins nous soit utile.

Haut.

Je vous servirai.

CHARLE.

Toi!

SALMON.

Voyons, que voulez-vous?

CHARLE.

Si je pouvais avoir un dernier rendez-vous!

ACTE II, SCÈNE V.

SALMON.

C'est tout ce qu'il vous faut, et vous partez ensuite?

CHARLE.

Ce soir même.

SALMON.

Comment nommez-vous la petite?

CHARLE.

Emma.

SALMON.

J'ai votre affaire... on vous attend ici.

CHARLE.

On m'attend!

SALMON.

Croirez-vous le billet que voici...

CHARLE.

Je ne puis concevoir...

SALMON.

C'est bien son écriture?

CHARLE.

Je ne sais...

SALMON.

Mais plus bas, c'est bien sa signature?

CHARLE.

En effet.

SALMON.

C'est à vous qu'il était adressé?

CHARLE.

Je le crois.

SALMON.

C'est ici que je l'ai ramassé.

CHARLE.

Grands dieux! s'il fût tombé dans les mains de la mère!

SALMON.

Est-ce heureux que je sois venu pour le soustraire!

CHARLE.

C'est le ciel qui t'envoie!

SALMON.

Irez-vous?

CHARLE.

Si j'irai!
Certainement!

SALMON.

Monsieur, c'est bien contre mon gré...
S'il vous arrive mal, je n'en suis pas coupable.

CHARLE.

Je ne crains rien.

SALMON.

Vous seul en serez responsable.

CHARLE.

Sans doute... Je m'éloigne, et reviendrai bientôt.

<small>Il sort.</small>

SCÈNE VI.

SALMON, puis MADEMOISELLE HORLIER.

SALMON.

A merveille... on croirait qu'il est dans le complot;
Il y va de tout cœur, et la tête baissée;
Avec de telles gens, la ruse est trop aisée...
On n'a pas de mérite...

MADEMOISELLE HORLIER.

Eh bien?

SALMON.

Il viendra.

MADEMOISELLE HORLIER.

Bon!
Toi, décampe au plus tôt.

SALMON.

Décamper... pourquoi donc?

MADEMOISELLE HORLIER.

Monsieur Pierre me suit...

SALMON.

Que le diable l'emporte!

MADEMOISELLE HORLIER.

Non pas; il vient ici pour nous prêter main-forte.

SALMON.

Comment cela?

MADEMOISELLE HORLIER.

Mon but serait manqué sans lui.
Il faut avec Emma le brouiller aujourd'hui.
Donc, indirectement, j'ai su lui faire entendre
Qu'elle était en danger, qu'il devait la défendre;
Que je soupçonnais fort l'aventureux baron
D'être quelque intrigant...

SALMON.

Merci.

MADEMOISELLE HORLIER.

Quelque fripon...

ACTE II, SCÈNE VI. 77

SALMON.

Merci.

MADEMOISELLE HORLIER.

Déshonorant sa noblesse usurpée.

SALMON.

Merci.

MADEMOISELLE HORLIER.

Je ne crois pas m'être beaucoup trompée !

SALMON.

Merci ! de mieux en mieux ! Vous mentez assez bien,
Mademoiselle Horlier... Mais cela ne fait rien :
Va toujours.

MADEMOISELLE HORLIER.

Il a pris très-doucement la chose ;
Et déjà je craignais d'avoir perdu ma cause...

SALMON.

Diable !

MADEMOISELLE HORLIER.

Quand je l'ai vu, prenant la balle au bond,
Tourner de ce côté sans affectation.
Il vient... dans quelque coin il se cache, il écoute...

SALMON.

Et ce qu'il entendra, Dieu le sait !

MADEMOISELLE HORLIER.

Je m'en doute.

SALMON.

Lisette, ce tour-là doit se récompenser ;
Il nous honore tous, et je veux... t'embrasser !

MADEMOISELLE HORLIER.

Plus tard; j'entends marcher.

SALMON.

C'est lui !

MADEMOISELLE HORLIER.

Vite, détale.

SALMON.

Pour être au premier rang, je vais garder ma stalle.
Où me placer? là.

MADEMOISELLE HORLIER.

Non ; c'est ma chambre.

SALMON.

Tant mieux.

MADEMOISELLE HORLIER.

Du tout, c'est un passage.

SALMON.

Un passage, grands dieux !

MADEMOISELLE HORLIER, ouvrant la porte d'un cabinet au fond à droite.

Lorsque j'aurai le temps de me mettre en colère,
Nous verrons. Mets-toi là.

SALMON.

C'est bien noir!

MADEMOISELLE HORLIER.

Au contraire.

SALMON.

Mais je n'entendrai rien !

MADEMOISELLE HORLIER.

Si fait.

SALMON.

Je suis dedans.
Parle un peu.

MADEMOISELLE HORLIER.

Le baron est un faquin.

SALMON.

J'entends!

MADEMOISELLE HORLIER.

Et d'un. Pierre viendra, je n'en suis pas en peine;
Moi je me cache ici pour surveiller la scène

Et porter des secours dans un cas imprévu.
C'est lui ! bien... Et de deux...

<small>Elle entre dans le cabinet à gauche, au fond.</small>

SCÈNE VII.

PIERRE, seul.

      Personne ne m'a vu.
Il le faut... je ne puis laisser son innocence
Aux mains d'un inconnu se livrer sans défense.
Quand la honte devrait en retomber sur moi,
Ne crains rien, pauvre enfant, je serai près de toi !
Quel rôle cependant... me cacher pour surprendre
Ses discours, ses secrets. Oh ! non, pour la défendre ;
C'est à moi de veiller sur elle... oui, je le dois.
Ah ! madame Durand, quelle faute !

<small>Il entre dans le cabinet à droite. Mademoiselle Horlier et Salmon ouvrent leurs portes et causent, à demi voix.</small>

MADEMOISELLE HORLIER.

      Et de trois !

SALMON.

Lisette, il est sublime, et fera ton affaire ;
C'est l'homme qu'il te faut... Tu l'auras.

MADEMOISELLE HORLIER.

Chut! La mère!

Ils referment leurs portes.

SCÈNE VIII.

MADAME DURAND, EMMA.

MADAME DURAND.

Mais non... rassure-toi... puisque je serai là;
Sois tranquille, tu n'as qu'à sonner... me voilà!

EMMA.

Et vous croyez...

MADAME DURAND.

Je crois que le ciel nous seconde;
C'est l'homme le plus faible et le meilleur du monde;
Pour décider son cœur fort amoureux de toi,
Tu n'as qu'à lui parler de sa tante et de moi.

EMMA.

Mais comment expliquer le billet qui l'invite
A me faire en secret cette étrange visite?

MADAME DURAND.

C'est très-simple... Il était pour un autre... un parent;

Voilà tout... on eut tort en le lui remettant.
De ce que je t'ai dit souviens-toi, chère fille,
Je confie à tes mains l'honneur de la famille...
Le baron va venir...

EMMA.

O ciel !

MADAME DURAND.

Je serai là.
J'entends marcher... c'est lui sans doute ! Oui, le voilà !
Je descends et remonte.

<small>Elle sort. Emma est sur le devant de la scène. Salmon et mademoiselle Horlier
ouvrent leurs portes et causent à demi-voix.</small>

SCÈNE IX.

EMMA, SALMON, MADEMOISELLE HORLIER.

SALMON.

Eh bien ?

MADEMOISELLE HORLIER.

Elle est partie.

SALMON.

Notre amoureux est là qui guette sa sortie.

MADEMOISELLE HORLIER.

Bravo !

SALMON.

Bravissimo !

Ils referment leurs portes.

EMMA, se retournant.

Hein ? quoi... non, ce n'est rien ;
Tout m'effraie et me dit que je ne fais pas bien.

SCÈNE X.

EMMA, CHARLE, SALMON, MADEMOISELLE HORLIER,

CHARLE, à part.

C'est elle !

EMMA, à part.

Je l'entends !

MADEMOISELLE HORLIER, sortant de sa cachette, regarde par le trou de la serrure et met le verrou.

La vieille est à la porte ;
Et de quatre !

CHARLE, à part.

J'ai tort ; mais mon amour l'emporte.

EMMA, à part.

Il approche...

Haut, croyant voir le baron.

Ah!...

Voyant Charle.

Grands dieux!

CHARLE.

Chère Emma, ne crains rien.
C'est moi.

EMMA.

C'est vous, Monsieur!

CHARLE.

Quel bonheur est le mien!

EMMA.

Si ma mère... Sortez... Ah! je serais perdue!

CHARLE.

Sois tranquille...

EMMA, montrant la porte.

Elle est là!

CHARLE.

Non, elle est descendue.
J'attendais son départ, je l'ai vue; elle est loin;
Nous pouvons nous parler sans peur et sans témoin.

Je t'accusais pourtant, et je croyais comprendre
Que ton cœur à mes vœux refusait de se rendre.

EMMA.

Mais, Monsieur...

CHARLE.

Je partais... j'étais au désespoir...
Quand j'apprends qu'en secret ici je puis te voir;
Quand cette lettre...

EMMA.

O ciel!

CHARLE.

Entre mes mains rendue,
M'annonce pour ce soir cette heureuse entrevue.

EMMA.

Que faire? cette lettre... Oh! quelle indignité!
Charle, vous apprendrez toute la vérité.
Rendez-moi mon serment et reprenez le vôtre.
Cette lettre, elle était...

CHARLE.

Elle était...

EMMA

Pour un autre.

CHARLE.

Un autre!

EMMA.

Un voyageur qui me veut épouser.
Moi, je ne sais que faire et comment refuser;
Je ne puis qu'obéir quand ma grand'mère ordonne...
C'était pour mon bonheur, pour me faire baronne.

CHARLE.

Quoi!

EMMA.

Charle, il faut céder.

CHARLE.

Que dites-vous?

EMMA.

Ce soir
Nous nous séparerons pour ne plus nous revoir.

CHARLE.

C'est vous qui m'imposez un départ...

EMMA.

Nécessaire...
Nous n'obtiendrons jamais l'aveu de ma grand'mère.
Si vous aviez un titre, un nom, que sais-je?...

ACTE II, SCÈNE X.

CHARLE.

Eh quoi?
Vous me feriez l'honneur de lui parler pour moi!
C'est vraiment du courage, et vous seriez bien bonne
De faire pour le nom plus que pour la personne.
Eh bien, puisqu'il le faut, je vais vous obéir;
Vous m'avez renvoyé; je suis prêt à partir.
On se fatigue enfin, Emma, de se soumettre
A des conditions qu'on remplirait peut-être;
On impose silence à son cœur offensé,
On tâche d'oublier un espoir insensé,
On part... Mais pour avoir sa fierté satisfaite,
Pour laisser un regret à celle qu'on regrette,
On lui dit : Vous vouliez un beau nom, des aïeux,
De la fortune, un titre... eh bien, je suis...

Pendant toute la tirade de Charle, Salmon et mademoiselle Horlier ont ouvert leurs portes, écouté et fait des gestes d'improbation et d'approbation. Au moment où Charle va se nommer, Salmon fait signe à mademoiselle Horlier de sonner, elle sonne.

EMMA.

Grands dieux!

CHARLE.

Quel est ce bruit?

MADAME DURAND, en dehors.

Ouvrez.

EMMA.

Ma mère!

MADAME DURAND.

Ouvrez!

EMMA.

Que faire? Je vous le disais bien...

SCÈNE XI.

EMMA, CHARLE, PIERRE, MADAME DURAND, puis SALMON, MADEMOISELLE HORLIER.

PIERRE.

Ouvrez à votre mère.

EMMA.

Vous étiez là!

PIERRE.

Silence!

Il va ouvrir.

Entrez.

MADAME DURAND.

Ce n'est pas lui!

A Pierre.

Me direz-vous, Monsieur, ce qui se passe ici?

PIERRE.

Oui, Madame.

MADAME DURAND.

Pourquoi cette porte fermée?

CHARLE, à part.

C'est un piége.

PIERRE.

De tout vous serez informée;
C'est moi seul...

MADAME DURAND.

De quel droit, s'il vous plaît, osez-vous
Protéger sans mon ordre un pareil rendez-vous?

PIERRE.

Je ne protége rien de coupable, Madame;
Monsieur me demandait votre fille pour femme.

MADAME DURAND.

Qu'est-ce à dire?

PIERRE.

Monsieur est un homme d'honneur;

D'Emma, soyez-en sûre, il fera le bonheur.

MADAME DURAND.

Je trouve bien plaisant que votre impertinence
Vienne approuver céans un projet qui m'offense.
J'ai refusé...

PIERRE.

C'est vrai. Mais, par vous repoussé,
Monsieur, pour vous fléchir, à moi s'est adressé.
Il aime votre fille, et craindrait de vous dire
Toute la vérité qu'en son cœur j'ai su lire.
Mais moi, je la connais ; un refus rigoureux
Ferait, n'en doutez pas, au moins un malheureux.
J'ose vous en prier... c'est au nom de son père...
Ne leur refusez pas un aveu... nécessaire.
Je vous l'ai déjà dit : son père vous défend
De jouer l'avenir, l'honneur de son enfant.
Vous ne m'écoutez pas!... Ah! songez-y, Madame,
Un homme se console avec une autre femme ;
Mais une jeune fille a le cœur innocent,
Lorsque l'amour la touche, il la brise en passant.
Si votre fille aimait à l'insu d'elle-même !

MADAME DURAND.

Ma fille !

EMMA.

Mais, Monsieur...

PIERRE.

A Emma.

Vous l'aimez!

A madame Durand.

Elle l'aime!

MADAME DURAND.

Allons, c'est impossible... et j'admire comment
J'ai pu vous écouter aussi patiemment.
Ma fille, pour aimer telle ou telle personne,
Attend qu'un mari vienne et que sa mère ordonne.

PIERRE.

Le cœur n'obéit pas; le sien parle aujourd'hui,
Et tous vos beaux discours ne peuvent rien sur lui.
Songez qu'en refusant vous la perdez peut-être.

MADAME DURAND.

Hein!

PIERRE.

Vous la perdez!

SALMON, au fond.

Diable! il est temps de paraître!

Haut.

Parbleu, je vous cherchais.

MADAME DURAND, à part.

Que vois-je? le baron!

Et j'allais...

PIERRE.

Eh bien?

MADAME DURAND.

Non.

PIERRE.

Pourtant?

MADAME DURAND.

Mille fois non !

PIERRE.

Mais...

MADAME DURAND.

Taisez-vous !

SALMON.

J'arrive au moment favorable...
Trois heures vont sonner.

MADEMOISELLE HORLIER, au fond.

La soupe est sur la table!

SALMON, bas à Charle.

Eh bien, Monsieur...

CHARLE.

Fais-moi préparer des chevaux.

SALMON.

Vous partez ?

CHARLE.

A l'instant.

SALMON.

Pour Paris ?

CHARLE.

Pour Bordeaux.

SALMON.

Bien !

PIERRE, à madame Durand.

Mais, comprenez donc...

MADAME DURAND, à Pierre.

Je ne veux pas comprendre.

A Salmon.

Le dîner nous attend.

SALMON.

Il ne doit pas attendre.

A table!

Il prend la main de madame Durand et sort. Emma reste sur le devant de la scène. Pierre se rapproche d'elle en faisant un signe à Charle, qui se rapproche aussi.

PIERRE.

Un mot, Emma, de grâce, un mot d'espoir!

Emma ne répond rien; Salmon vient la chercher et l'emmène.

CHARLE, à part.

Dans une heure je pars...

PIERRE, à part.

Je partirai ce soir!

FIN DU DEUXIÈME ACTE.

ACTE TROISIÈME

SCÈNE I.

CHARLE, SALMON.

SALMON.

Entrez... personne ici ne viendra vous surprendre ;
La voiture s'apprête, et vous pourrez l'attendre.
Vous en voilà dehors... et grâce à qui?

CHARLE.

       Ma foi,
Je ne savais que faire, et j'étais pris sans toi.

SALMON.

Du vertueux cousin le vertueux langage
Avait au pied du mur réduit votre courage ;
Mais je veillais sur vous.

CHARLE.

     Tu te vantes, fripon !

SALMON.

Vous n'êtes pas parti... si le moindre soupçon...

CHARLE.

Penses-tu qu'on en ait?

SALMON.

Pas encore... au contraire,
J'absorbe entièrement et la fille et la mère!
Me croyant grand seigneur, on me prend pour un sot,
Et je viens de subir l'honneur d'un double assaut :
Pour aider l'action des sentiments intimes,
On m'avait mis à table entre mes deux victimes,
Qui, chacune à leur tour, m'assiégeant sans pitié,
M'ont fait voir qu'à jamais vous êtes oublié!

CHARLE.

Je doute encor qu'Emma...

SALMON.

La petite friponne,
Pour mieux accaparer son titre de baronne,
Contre mon faible cœur, qui résistait en vain,
S'armait de ses beaux yeux et de son meilleur vin;
Épuisait l'arsenal des ruses féminines,
Et chauffait le bordeaux d'œillades assassines!
La mère cependant, rivalisant de soins,
Gardait l'autre côté, devinait mes besoins,

Surveillait mon assiette, et ses mains attentives
Faisaient pleuvoir chez moi la truffe et les olives.
J'étais dans l'épinette, et, sans me déranger,
J'avais pour boire à gauche, à droite pour manger;
C'était attendrissant... Moi, par reconnaissance,
De tous les vieux bons mots dont j'avais souvenance
J'usais en leur honneur le répertoire entier;
Les sottes y mordaient sans se faire prier,
Et dans les compliments d'un hôte parasite
Ne voyaient qu'un hommage offert à leur mérite.
Si bien que, par la mère en secret averti,
Le notaire arrivait lorsque je suis sorti!

CHARLE.

Je dois donc m'éloigner?

SALMON.

Sans doute, et vos scrupules
Seraient hors de saison et même ridicules!
La mère est une folle... et la fille, demain,
Sans un regret pour vous me donnerait sa main.
Il faut les oublier...

CHARLE.

Pourtant...

SALMON.

Laissez-moi faire.
Je me charge, Monsieur, d'arranger votre affaire.

CHARLE.

Au moins, tu leur diras...

SALMON.

Oui, je le leur dirai.

CHARLE.

Et cette lettre...

SALMON.

Bon, je la leur remettrai!
Eh! mon Dieu, n'ayez donc aucune inquiétude...
De semblables échecs elles ont l'habitude.

CHARLE.

Je te suis.

SALMON.

Permettez; mademoiselle Horlier
Fait pour nous sentinelle au bas de l'escalier,
Et nous avertira du moment favorable.

CHARLE.

Elle est dans le secret?

ACTE III, SCÈNE I.

SALMON.

C'était indispensable.

CHARLE.

Mais me réponds-tu d'elle et de sa bonne foi?

SALMON.

C'est une brave fille.

SCÈNE II.

CHARLE, SALMON, MADEMOISELLE HORLIER,

MADEMOISELLE HORLIER, au fond.

Ah! l'on parle de moi!

SALMON.

Lisette... car son nom de famille est Lisette,
Est, au dire de tous, la plus pure soubrette.
Je ne pourrais, malgré ma bonne volonté,
De la moindre faveur ternir sa pureté.

MADEMOISELLE HORLIER, à part

Plaît-il?

Haut.

Que dis-tu là?

SALMON.

Vertueuse Lisette,

Je dis que la vertu te fait tourner la tête ;
Qu'à ta confection le ciel mit tous ses soins,
Et te fit plus d'honneur qu'à trois ou quatre au moins !
Mais le temps qui nous presse empêche qu'on s'explique ;
Remettons à demain pour ton panégyrique ;
L'important aujourd'hui c'est d'être trois contre un,
Et de tomber d'accord sur l'ennemi commun.

MADEMOISELLE HORLIER.

Tout est prêt.

SALMON.

La voiture ?

MADEMOISELLE HORLIER.

Est en bas.

SALMON.

Bien... la mère ?

MADEMOISELLE HORLIER.

Des clauses du contrat cause avec le notaire.

CHARLE.

La fille ?

MADEMOISELLE HORLIER.

En souriant consulte son miroir,
Prend des airs de baronne et s'instruit pour ce soir.

ACTE III, SCÈNE II.

SALMON.

Le cousin ?

MADEMOISELLE HORLIER.

Pour partir prépare son bagage.

SALMON.

Il nous quitte ?

MADEMOISELLE HORLIER.

Hélas ! oui.

SALMON.

Tu seras du voyage ?

MADEMOISELLE HORLIER.

Hélas ! non.

SALMON.

Il le faut.

MADEMOISELLE HORLIER.

Il est désespéré !

SALMON.

Tant mieux ! Qu'il soit ici lorsque je reviendrai ;
Je t'en réponds... Monsieur...

CHARLE, offrant sa bourse.

Je veux, belle Lisette...

SALMON, la prenant.

Fi, je me chargerai d'acquitter votre dette!
Je couche ici ce soir, et demain nous comptons...
Elle n'y perdra rien,

A part.

Ni moi non plus...

Haut.

Sortons.

Ils sortent.

SCÈNE III.

MADEMOISELLE HORLIER, seule.

Quel fripon! mais ma foi, ce fripon m'est utile,
J'aurais tort de vouloir faire la difficile;
Donc, je le laisse agir, prête à dire merci,
Lorsque, morale ou non, il aura réussi.
Je ne vois pas d'ailleurs que pour le cousin Pierre
Ce mariage soit une méchante affaire :
En faisant mon bonheur, je fais aussi le sien;
Tout s'y trouve, âge, humeur, probité... Quant au bien,
Il en a trop pour un, moi pas assez pour une;
Cela fait à nous deux une honnête fortune.

SCÈNE IV.

MADAME DURAND, EMMA, MADEMOISELLE HORLIER, LE NOTAIRE.

MADAME DURAND.

Mais non, je veux le voir; comment, il n'a rien dit!
Pendant tout le dîner, il vante ton esprit,
Ta fraîcheur, tes beaux yeux, ta grâce, ton sourire,
Il te trouve adorable... et c'est là ne rien dire?
Aussi, sans plus tarder...

Salmon paraît.

Eh! c'est lui! Venez donc!
Je vous cherchais partout... Ce cher monsieur Salmon!

SCÈNE V.

MADAME DURAND, EMMA, SALMON, MADEMOISELLE HORLIER, LE NOTAIRE.

SALMON.

Vous me cherchiez... Mon Dieu, combien je suis coupable!
Parlez, de grâce, en quoi vous puis-je être agréable?

MADAME DURAND.

Monsieur Salmon...

SALMON.

Plaît-il?

MADAME DURAND.

Vous allez vous fâcher!

SALMON.

Jamais!

MADAME DURAND.

Je suis trop franche, et ne puis rien cacher;
Ce que j'ai sur le cœur, il faut que je le dise,
Et j'espère de vous une même franchise...

SALMON.

La même, exactement...

MADAME DURAND.

Vous m'avez dit tantôt
Que vous aviez beaucoup de chagrins.

SALMON.

Beaucoup trop!

MADAME DURAND.

A quoi j'ai répondu : Mariez-vous bien vite.

SALMON.

C'est vrai!

MADAME DURAND.

Je ne puis donc blâmer votre conduite...
J'eus tous les torts.

SALMON.

Pardon, mais...

MADAME DURAND.

Pendant le dîner,
Ma tendresse de mère a su vous deviner ;
J'ai lu dans vos regards le trouble de votre âme.

MADEMOISELLE HORLIER, bas, à Salmon.

Nous y voilà...

MADAME DURAND.

J'ai tout compris.

SALMON.

Comment, Madame ?

MADAME DURAND.

Ne vous défendez pas d'un sentiment flatteur...
L'amour d'un galant homme est toujours un honneur.

SALMON.

Permettez, permettez...

A part.

Je n'ai plus rien à craindre ;

Le marquis est sauvé.

Haut.

Je répondrai sans feindre.
Votre cœur maternel se fait illusion,
Et prend pour de l'amour mon admiration.
C'est le seul sentiment qu'on puisse se permettre,
Dans l'état secondaire où le sort m'a fait naître...

MADAME DURAND.

Vous, baron !

SALMON.

Baron !... moi !

MADAME DURAND.

Vous n'êtes pas baron ?

SALMON.

Moi !

MADAME DURAND.

Vous !... vous m'avez dit...

SALMON.

Je vous ai dit : Salmon.

EMMA.

Salmon !

MADAME DURAND.

Salmon !

SALMON.

Salmon... de Cognac sur Charente,
Intendant d'un baron, trois mille francs de rente,
Sans compter pots de vin, fonds secrets et présents;
Ce qui fait au total deux mille écus par ans,
Voilà tout...

MADAME DURAND.

Mais, Monsieur, c'est une chose infâme,
Vous m'avez abusée...

SALMON.

Ah! permettez, Madame;
Quand vous m'avez offert un excellent repas,
Je balançai d'abord et ne l'acceptai pas...
Pourtant à vos désirs je crus devoir me rendre,
Et, par égard pour vous, je voulus bien le prendre.

MADAME DURAND.

C'est indigne...

LE NOTAIRE.

Je crois que je puis m'en aller.

MADAME DURAND.

Un moment.

SALMON, bas à mademoiselle Horlier.

Du marquis il est temps de parler.

MADAME DURAND.

J'espère encor, Monsieur, que ce n'est qu'une excuse,
Et ne puis concevoir à quoi bon cette ruse.

SALMON.

C'est bien la vérité, parbleu, je vous promets
Que je ne suis baron ni ne le fus jamais...
Demandez au marquis.

MADAME DURAND.

Quel marquis?

SALMON.

Mais, je pense,
Que je n'en connais qu'un de votre connaissance,
Celui de ce matin, monsieur Charle d'Elmas.

EMMA.

Charle!

MADAME DURAND.

C'est un marquis?

SALMON.

Vous ne le saviez pas?

EMMA.

Marquis!

MADAME DURAND.

C'est impossible!

ACTE III, SCÈNE V.

SALMON.

Et de souche très-pure,
Aussi vrai que je suis roturier, je vous jure.

MADAME DURAND.

Il nous l'eût dit...

SALMON.

Monsieur s'avisait d'espérer
Que pour son seul mérite on allait l'adorer.
Quel orgueil !... aussi bien, vous avez tout de suite,
D'un refus motivé souffleté son mérite.
C'était juste...

MADAME DURAND.

Mais non... vous êtes dans l'erreur,
Et si ce cher marquis veut nous faire l'honneur...

SALMON.

Il est parti !

MADAME DURAND.

Comment !...

SALMON.

Mais tenez... cette lettre
Du lieu de son exil vous instruira peut-être.

MADAME DURAND.

Donnez.

SALMON, à mademoiselle Horlier

Regarde bien son désappointement.

MADAME DURAND, lisant.

« A vos refus contraint de me soumettre,
  « Je pars pour ne pas revenir...
« Si votre mère eût daigné nous unir,
« Elle eût fait mon bonheur et le vôtre peut-être ;
« Un peu d'ambition vous trompa toutes deux.
« Soyez heureuse autant que vous étiez chérie...
« Je cède à la raison, puisque l'amour m'oublie ;
  « Avec mademoiselle Isaure de Rieux
    « Dans quelques jours je me marie.
« Charle, marquis d'Elmas. » — C'est affreux !

SALMON.

C'est charmant !

MADAME DURAND.

C'est une trahison !

SALMON.

Ah ! plaignez-le, Madame...
De douleur, il épouse une charmante femme !
Pauvre marquis...

ACTE III, SCÈNE V.

LE NOTAIRE, bas, à madame Durand.

Je crois que je puis m'en aller.

MADAME DURAND.

Pas encor...

SALMON.

Pourra-t-il jamais se consoler !

EMMA, à part.

Quel affront !

SALMON.

Qu'en dis-tu, Lisette ?

MADEMOISELLE HORLIER.

Je t'admire.

SALMON.

N'est-ce pas ?

MADAME DURAND, à part.

Au marquis si l'on pouvait écrire...

SALMON.

Vous êtes, je le vois, dans un grand embarras.
Vous cherchez des maris et vous n'en trouvez pas.

EMMA.

Ma mère !

MADAME DURAND.

Et qui vous dit qu'on soit si fort en peine ?

SALMON.

Je sais que les maris vous viennent par douzaine ;
J'aurais même voulu vous faire l'amitié
D'être du nombre.

MADAME DURAND.

Vous !

SALMON.

Mais je suis marié !

MADAME DURAND.

Un valet !

MADEMOISELLE HORLIER.

Marié... l'excuse est adorable.

SALMON.

Elle n'a qu'un défaut, c'est d'être véritable.

MADEMOISELLE HORLIER.

Se peut-il ?

MADAME DURAND.

C'est trop fort !

EMMA.

Quelle honte pour nous !

ACTE III, SCÈNE V.

SALMON.

Oui, marié! j'en suis aussi fâché que vous!
Mais la loi... demandez à monsieur le notaire
S'il sait ce que la loi pense sur cette affaire,

LE NOTAIRE.

Sachez que l'on sait tout, Monsieur, dans notre état.

SALMON.

Monsieur, j'ai grand respect pour le notariat,
C'est le plus bel état, Monsieur, que je connaisse,
Et je fus petit clerc, Monsieur, dans ma jeunesse!

LE NOTAIRE.

Il suffit.

SALMON.

Non, Monsieur, non, il ne suffit pas!
Moi, j'aurais outragé le premier des états :
Un état dont Paris, dont la France s'honore,
Dont vous vous honorez et mille autres encore...
Jamais!... Quoi de plus beau, de plus patriarcal,
Qu'un notaire, entouré de l'amour général,
Qui garde les secrets... et l'argent des familles!
Qui dîne avec le père et fait danser les filles,
Qui rit au mariage et pleure au testament,
Qui, dans la comédie, arrive au dénoûment!...

Vous le voyez, Monsieur, je l'aime et le révère.
Si je n'étais Salmon, j'aurais été notaire !
Mais pardon, il est tard...

A madame Durand.

Pourquoi me retenir ?

MADAME DURAND.

Hein !

SALMON.

Dans quelques moments je vais vous revenir.
Mon maître est difficile et paie avec largesse,
Que l'on n'épargne rien... Vous, madame l'hôtesse,
Pour traiter dignement le baron de Chatel,
Préparez votre auberge.

MADAME DURAND.

Insolent...

SALMON.

Votre hôtel.

MADAME DURAND.

J'étouffe de fureur...

SALMON.

C'est tout à fait ma tante !

MADAME DURAND.

Sa tante !...

ACTE III, SCÈNE V.

SALMON.

Sans adieu, notaire...

A mademoiselle Horlier.

Ma charmante,
A bientôt... je rejoins ma femme qui m'attend...
Très-humble serviteur, madame de... comment ?

MADAME DURAND.

De Sainte-Ursule.

SALMON.

Ah ! oui... Durand.

MADAME DURAND.

De Sainte-Ursule !

Salmon sort.

Tu n'auras pas ma fille, intendant ridicule !...

MADEMOISELLE HORLIER.

Le refus est pénible et va le désoler.

MADAME DURAND.

Durand !... Durand !...

LE NOTAIRE.

Je crois que je puis m'en aller.

MADAME DURAND.

Eh ! mon Dieu, laissez-nous.

LE NOTAIRE.

J'ai de la place vide,
Le contrat est tout prêt, si quelqu'un se décide

Il sort.

SCÈNE VI.

MADAME DURAND, EMMA. MADEMOISELLE HORLIER, puis PIERRE.

MADAME DURAND.

Je le crois parbleu bien qu'on se décidera...
Et trop heureux encor le mari qui t'aura !
Des maris, il en pleut... Tu choisiras, ma chère.

La porte du fond est ouverte, on voit arriver Pierre et Salmon. Salmon s'en va. Pierre reste en dehors.

MADEMOISELLE HORLIER.

Et vous ferez très-bien de choisir monsieur Pierre.

MADAME DURAND.

De quoi vous mêlez-vous ?

MADEMOISELLE HORLIER.

C'était un bon parti ;
On le regrettera dès qu'il sera sorti.

MADAME DURAND.

C'est un sot !

ACTE III, SCÈNE VI.

MADEMOISELLE HORLIER.

Un bon cœur !

MADAME DURAND.

Un brutal !

MADEMOISELLE HORLIER.

L'honneur même,
Pas un défaut !...

MADAME DURAND.

Enfin, vous l'aimez?

MADEMOISELLE HORLIER.

Oui, je l'aime !

MADAME DURAND.

Ainsi, vous l'avouez?

MADEMOISELLE HORLIER.

Oui. Pourquoi m'en cacher ?

MADAME DURAND.

Si l'on n'en riait pas, on pourrait s'en fâcher ;
Mademoiselle Horlier, rivale de ma fille,
Veut de son alliance honorer ma famille !

MADEMOISELLE HORLIER.

Non, Madame, jamais je n'eus d'ambition...
Mais quand j'aurais rêvé quelque honnête union,

Quand j'aurais eu l'espoir d'un heureux mariage,
Si c'est un ridicule, il est fort en usage...
Et l'on voit tous les jours des gens que je vaux bien,
Viser beaucoup plus haut... et n'arriver à rien !

MADAME DURAND.

Et quels sont-ils ces gens dont l'orgueil vous étonne ?

MADEMOISELLE HORLIER.

Je parle en général, et n'ai nommé personne.

MADAME DURAND.

Votre langue insolente est en verve aujourd'hui.

MADEMOISELLE HORLIER.

Monsieur Pierre s'en va, n'avez-vous rien pour lui ?

MADAME DURAND.

Non.

MADEMOISELLE HORLIER.

Mais il part.

MADAME DURAND.

Tant mieux !

MADEMOISELLE HORLIER.

Cependant...

MADAME DURAND.

Quelle audace !

Si vous dites un mot, à l'instant je vous chasse.

MADEMOISELLE HORLIER.

Mais...

MADAME DURAND.

Sortez... de chez moi délogez de ce pas!

MADEMOISELLE HORLIER.

Au moins...

MADAME DURAND.

M'entendez-vous? Sortez!

PIERRE.

Ne sortez pas!

MADAME DURAND.

Vous osez?

PIERRE.

Devant vous et devant votre fille
Elle a droit de rester... elle est de la famille!

MADAME DURAND.

De la famille?

MADEMOISELLE HORLIER, à part.

Enfin, j'en suis venue à bout!

MADAME DURAND.

Cela ne se peut pas... et ma fille avant tout.

Ne croyez pas, d'ailleurs, que jamais je consente...

PIERRE.

Je me passerai donc de votre aveu, ma tante ;
J'ai l'âge de raison et fais ce que je veux.

MADAME DURAND.

Et d'un semblable choix vous n'êtes pas honteux ?

PIERRE.

Non, Madame; souvent vous l'avez dit vous-même,
On ne déroge pas en aimant qui vous aime !

MADAME DURAND.

Il suffit, taisez-vous.

PIERRE.

Recevez nos adieux.

MADAME DURAND.

Bon voyage !

EMMA, à part.

Oh ! cachons mes larmes à ses yeux !

MADEMOISELLE HORLIER.

Pour la première fois la vertu fait fortune !
Je le méritais bien... — Cousine, sans rancune !

Elle sort avec Pierre.

SCÈNE VII.

MADAME DURAND, EMMA.

MADAME DURAND.

Enfin, ils sont partis, et je puis éclater...
Crier tout à mon aise...

EMMA.

Et moi, je puis pleurer.

MADAME DURAND.

Cet insolent valet, ce marquis, et ce Pierre,
Ils se moquaient de moi!

EMMA.

C'était de moi, ma mère!
En les voyant partir tous, sans savoir pourquoi,
Un doute, un doute affreux s'est emparé de moi!...
De rêves orgueilleux longtemps préoccupée,
J'ai peur... si je m'étais... si vous m'aviez trompée!

MADAME DURAND.

Moi!

EMMA.

Si tout ce bonheur qui m'attendait un jour,
Ce noble mari, fier de m'offrir son amour...

Ce grand nom, ces honneurs, ces titres, ces richesses,
N'étaient qu'un fol espoir et de vaines promesses;
Si je n'avais plus droit qu'à la honte, au mépris,
Voilà ce qui m'effraie, et ce que j'ai compris!

MADAME DURAND.

Mais c'est une folie!

EMMA.

On part, on m'abandonne,
Et vous me disiez, vous, que je serais baronne!

MADAME DURAND.

Tu le seras bientôt, peut-être même plus!

EMMA.

Non, assez de grandeurs et surtout de refus!
Moi, je ne savais pas, c'est tout simple à mon âge,
Qu'on n'épouse jamais une femme au passage;
J'accueillais avec joie un espoir innocent,
Et pensais faire bien... en vous obéissant!
Mais non, au lieu d'en croire à des conseils perfides,
Si j'avais pris mon cœur et ma raison pour guides,
Ce marquis que j'aimais...

MADAME DURAND.

Que dis-tu?

EMMA.

Je l'aimais !
Je l'aime encor, mon Dieu! peut-être pour jamais!
Eh bien, je l'ai chassé, malgré moi, pour vous plaire;
Je ne le verrai plus... et cependant, ma mère,
Il m'eût donné sa main, et par cette union,
Satisfait mon amour et votre ambition!
Ses regrets, en partant, m'accablaient tout à l'heure,
Je ne l'accuse pas... seulement je le pleure!

MADAME DURAND.

Mais peut-être on pourrait...

EMMA.

Oh! vous n'y pensez pas,
Que j'aille maintenant me jeter dans ses bras...
Maintenant que je sais son illustre naissance,
Que j'aille rétracter un refus qui l'offense,
Jamais!

MADAME DURAND.

Silence, on vient. Encore ce valet!

SCÈNE VIII.

MADAME DURAND, EMMA, SALMON.

SALMON, à demi voix.

Lui-même!... ce valet... puisque valet il est,
Ce valet que tantôt vous désiriez pour gendre...
Ce valet a, Madame, un service à vous rendre.

MADAME DURAND.

Un service?

SALMON.

Très-grand... Avant de vous quitter,
Ce valet avec vous a voulu s'acquitter.

MADAME DURAND.

Enfin, Monsieur!

SALMON.

Plus bas.

MADAME DURAND.

Vous me direz sans doute
De quel droit vous osez...

SALMON.

Plus bas!... on nous écoute.

MADAME DURAND.

Hein!...

EMMA.

Ma mère, rentrons.

SALMON.

Quatre mots, et je sors...
Je puis, je dois, je veux réparer tous mes torts.
Votre dîner, Madame, est là... j'ai, quand j'y pense,
Le cœur et l'estomac pleins de reconnaissance !
Pourtant j'ai combattu contre vous, j'en conviens ;
Mais en ambassadeur, en ami, je reviens.
Qu'est-ce que vous voulez ? marier votre fille ?
C'est le premier devoir des mères de famille ;
Je ne puis en cela que vous approuver fort,
Mais il vous faut des ducs, des princes... c'est un tort.
Donnez à votre fille un bon mari qui l'aime,
Prince ou non, croyez-moi, c'est le meilleur système.
Un marquis l'adorait, vous l'avez renvoyé :
Pour un baron qui n'est qu'un valet... marié !
Monsieur Pierre pour elle aurait donné sa vie,
Et vous l'avez traité si bien qu'il se marie...
Tout cela pour des gens qui, comme moi, viendront
Rire de vous, et puis, comme moi, s'en iront !

Bref, votre fille est fille, après bien du scandale,
Et le sera toujours, si j'en crois la morale;
Mais la morale a tort... je ne l'aime qu'à jeun;
Vous cherchez un mari, je vous en apporte un!

MADAME DURAND.

Un mari!...

EMMA.

C'est à moi de répondre, ma mère.
Votre leçon, Monsieur, est vraiment bien sévère;
Si jusques à la fin j'ai pu la supporter,
C'est que, la méritant, j'en voulais profiter.
Respectez cependant le malheur qui m'accable,
J'ai déjà trop souffert pour être encor coupable;
Ma mère s'est trompée en voulant mon bonheur,
Laissez-nous expier une funeste erreur...
Quelqu'un, avez-vous dit, est là qui nous écoute;
Ce quelqu'un, comme vous, rirait de nous sans doute...
Eh bien, à ce quelqu'un, je réponds, comme à vous,
Que personne n'a plus droit de rire de nous...
J'entends que d'un mari jamais on ne me parle.

SALMON, à part.

Pauvre fille...

EMMA.

J'aimais... j'aime encor monsieur Charle.

SALMON, à part.

Bon !

EMMA.

Nul que lui n'aura de place dans mon cœur.
Quant à Pierre, je fais des vœux pour son bonheur.

SALMON.

Bien !

EMMA.

En m'abandonnant, comme Charle il se venge ;
Je leur pardonne... adieu.

SALMON.

      C'est parler comme un ange !
Mais je ne reçois pas d'aussi tristes adieux.
Séchez, séchez les pleurs qui cachent vos beaux yeux.
Lisette se marie avec le cousin Pierre...
Ce qu'on a fait pour elle, on peut pour vous le faire.
Vous parlez d'abandon... ah ! cela n'est pas bien !
Monsieur Pierre pour vous est un ange gardien,
Ne lui reprochez pas d'en épouser une autre...
S'il songe à son bonheur, c'est qu'il a fait le vôtre.

Par ce brave cousin à genoux retenu,
Monsieur Charle est parti... mais il est revenu !

EMMA.

Charle !...

MADAME DURAND.

Le marquis...

SALMON.

Non ! plus de marquis, Madame.

A Emma.

Charle est là... consentez, et vous êtes sa femme.

EMMA.

Se peut-il !

SALMON.

Il se peut !

SCÈNE IX.

MADAME DURAND, EMMA, SALMON,
PIERRE, CHARLE, MADEMOISELLE HORLIER,
LE NOTAIRE.

PIERRE.

Emma, rassurez-vous...
Vous l'aimez, il vous aime, il est à vos genoux !

ACTE III, SCÈNE IX.

EMMA.

Charle !

CHARLE, à ses pieds.

Chère Emma !

MADAME DURAND.

Mais...

PIERRE, bas à madame Durand.

Silence... elle est marquise !

MADAME DURAND, à part.

Marquise !

SALMON.

Que chacun se marie à sa guise.

A Charle.

Votre femme vous aime autant que vous l'aimez !

A Pierre.

La vôtre, prenez-la, cousin, les yeux fermés...
Les galants ont voulu papillonner près d'elle ;
Mais tous se sont brûlé le nez à la chandelle.
Elle a ce qu'il vous faut, esprit, grâce, gaîté,
Vertu surtout... vertu, première qualité !
Je réponds d'elle... Allons, vive le mariage !
Il me semble aujourd'hui que c'est un bel usage !
Aujourd'hui...

A mademoiselle Horlier.

Que dis-tu, Lisette, d'aujourd'hui?...
Le soleil d'autrefois pour nous encore a lui.
C'est un jour de bonheur... c'est presque un jour de gloire!
Pour que nos descendants en gardent la mémoire
De génération en génération,
Je cours à Paris... j'ouvre une souscription,
J'en retiens les trois quarts pour trinquer à ta noce;
Du surplus je fais faire une médaille en bosse,
Avec ces mots gravés en lettres de couleur :
A Lisette Durand, le baron... de Lafleur!

FIN DU BARON DE LAFLEUR.

L'AVOCAT DE SA CAUSE

COMÉDIE EN UN ACTE

Représentée pour la première fois à Paris,
sur le théâtre de l'Odéon (second Théâtre-Français), le 5 février 1842.

PERSONNAGES

LÉON DARCY.   MM. FILLION.
ALEX DE SAINT-ROMAIN.   LÉON GENÊT.
MADAME DE PUISIEUX.   Mmes MATHILDE PEYRE.
MADAME DUPRAT.   BERTHIER.
JENNY.   Mlle BERTHAULT.

La scène se passe à Meudon.

L'AVOCAT DE SA CAUSE

SCÈNE PREMIÈRE.

Le théâtre représente une petite chambre de travail. — Fenêtre à droite ; table à gauche ; porte derrière ; porte au fond, entre deux demi-latérales.

LÉON, JENNY.

LÉON, à la porte du fond.

Jenny...

JENNY.

Monsieur Léon... enfin !

LÉON.

Peut-on entrer ?

JENNY.

Nos amis seuls chez nous ont droit de pénétrer...
Qui vous amène ici... l'amour ou la colère ?
Apportez-vous la paix ?

LÉON, entrant.

Vous méritez la guerre...

Je le sais... je devrais me fâcher...

JENNY.

Et nous donc !
Quatre jours pour venir de Paris à Meudon !
Peste... les amoureux d'aujourd'hui sont ingambes,
Et ne marchandent pas pour prodiguer leurs jambes !
Vous arrivez déjà...

LÉON.

Trop tôt peut-être encor.
Au moins explique-moi...

JENNY.

Pardonnez-nous d'abord.

LÉON.

Non pas, je veux savoir...

JENNY.

A quoi bon ?

LÉON.

C'est l'usage :
Plaide, et je vais juger...

JENNY.

Un pur enfantillage.

SCÈNE I

LÉON.

Je le crois parbleu bien! et n'ai jamais pensé
Qu'en tout ceci l'honneur pût être intéressé...
Je connais trop Julie et lui rends trop justice
Pour imputer à mal ce qui n'est que caprice;
Mais ces caprices-là doivent m'inquiéter :
Le premier vent qui souffle est sûr de l'emporter;
Aujourd'hui c'est ceci, demain c'est autre chose,
Dont on ne peut prévoir ni comprendre la cause;
Cette instabilité peut séduire un amant;
Mais un mari futur pense différemment...
Madame de Puisieux d'ailleurs n'est plus d'un âge
Où la légèreté soit un enfantillage :
Tant qu'on est jeune, on peut faire tout ce qui plaît.

JENNY.

On lui croirait cent ans, si l'on vous entendait.

LÉON.

Pas encor, grâce au ciel! mais enfin elle compte
Vingt-quatre hivers échus, plus un printemps d'à-compte,
Ce qui, joint au mari que je vais remplacer,
Doit raisonnablement lui donner à penser.
Je ne demande pas... j'en serais fâché même,
Qu'elle aille renoncer à des plaisirs que j'aime;

Mais, sans être exigeant, sans la persécuter,
Je désire, à peu près, savoir sur quoi compter ;
Quand l'amant, par avance, est réduit à se plaindre,
Je crois pour le mari l'avenir fort à craindre.

JENNY.

Quoi ! vous prenez la chose au tragique...

LÉON.

       Oui, parbleu !
Je trouve qu'avec moi l'on joue un mauvais jeu.
Comment de ta maîtresse expliquer la conduite ?
Vers neuf heures du soir, mercredi je la quitte...
— A demain, me dit-elle, en me tendant la main,
Vous le promettez ? — Oui. — J'y cours le lendemain...

JENNY.

Nous venions de partir...

LÉON.

      Précisément... Je sonne,
On ne me répond pas... Je redouble... personne !
Je descends... le portier me dit tranquillement :
— Madame de Puisieux n'est plus ici. — Comment ?
Cela ne se peut pas ! — Elle est à la campagne...
— Laquelle ? — Je ne sais. — Et Jenny ? — L'accompagne.

Il eût fallu venir dix minutes plus tôt.

— Et madame pour moi n'a rien dit? — Pas un mot.

— Juge de ma surprise !

JENNY.

Et de votre colère !

LÉON.

Je pars, ne sachant plus que penser ni que faire;
Je veux douter encor... Mais, en rentrant chez moi,
Je trouve ton billet... et j'apprends... grâce à toi,
Que, désertant Paris sans daigner m'en instruire,
Madame de Puisieux à Meudon se retire...
Chez qui!... chez une femme...

JENNY.

Une femme d'esprit,
Qui fait des vers charmants...

LÉON.

Que personne ne lit !
Une femme d'esprit... dont la muse immorale
S'est fait partout proscrire à force de scandale;
Une femme d'esprit... qui n'a pas le bon sens
De voir que, si l'on rit, on rit à ses dépens.
La voici maintenant, dans sa rage éternelle

De faire, à quelque prix que ce soit, parler d'elle,
Qui, voyant nos badauds déserter tous les jours,
Vient ennuyer Meudon de je ne sais quel cours...
Ce bel esprit bavard, dont elle se pavane,
Aux yeux de quelques sots cache la courtisane :
Mais le monde, sévère et juste en son mépris,
A condamné l'auteur, la femme et les écrits!

JENNY.

Comment! vous penseriez...

LÉON.

Ce que tout Paris pense.
Pour mettre sur sa vie un masque de décence,
Et la légitimer jusque dans ses travers,
Elle se fait honneur d'un tas de méchants vers;
Elle s'en va, disant à qui veut bien l'en croire,
Que la philosophie est son unique gloire,
Qu'elle n'a nul souci des choses d'ici-bas;
Mais, tout en les blâmant, elle en fait très-grand cas;
Veuve à trente-deux ans, et fort sotte de l'être,
Elle a cherché partout pour se trouver un maître;
Et, comme aucun mari ne veut plus s'en charger,
Sur le tiers et le quart elle aime à se venger :

SCÈNE I.

Chacun est, tour à tour, dupe de son manége;
Son amitié jalouse est elle-même un piége...
En attirant Julie, elle veut l'abuser;
Je suis sûr de mon fait et m'y viens opposer.

JENNY.

Que ferez-vous?

LÉON.

Ma foi, je ne sais, mais la ruse
Est ici très-permise, et tant pis pour la muse...

JENNY.

Vous l'aimez peu.

LÉON.

C'est vrai.

JENNY.

Vous êtes un ingrat!
Sachez donc que madame Albertine Duprat
Fait tout ce qu'elle fait pour un homme qu'elle aime!

LÉON.

Et ce mortel heureux, c'est...

JENNY.

C'est vous.

LÉON.

Moi?

JENNY.

Vous-même.

LÉON.

Tu veux rire?

JENNY.

Voilà trois semaines, je crois,
Qu'elle vous vit chez nous pour la première fois;
N'ayant pas découvert encor notre mérite,
Elle ne nous faisait par an qu'une visite;
Tout à coup... dans vos yeux c'était sans doute écrit,
Nous devenons pour elle un prodige d'esprit...
Elle vous voit, nous aime, et, changeant de langage,
D'une estime subite elle nous fait hommage...
Un coup d'œil a suffi... Dès lors, matin et soir,
Elle vient chaque jour pour vous... non... pour nous voir;
Pour nous, elle vous porte un intérêt extrême.
« Que fait-il donc? » dit-elle. « Il part à l'instant même, »
Répond madame... Moi, je n'ose l'avertir
Qu'en la voyant entrer vous venez de sortir,
Ce serait peu flatteur, quoique vrai... De plus belle,
Elle refait vingt fois une épreuve nouvelle;
Lasse enfin de se voir aussi mal réussir,

SCÈNE I.

Aux moyens décisifs elle veut recourir...
La guerre est commencée, il faut qu'elle l'achève,
Il faut vous enlever... donc elle nous enlève!

LÉON.

Bravo, Madame!

JENNY.

Un jour... précisément jeudi,
Elle vient, tout courant, chez nous, avant midi...
Elle s'y prend si bien qu'elle nous persuade
Que le ciel nous destine à faire... une Iliade!
Que tarder plus longtemps à sortir du repos,
C'est déserter la lice et trahir les drapeaux...
Nous avons trop d'esprit sans doute pour la croire;
Mais l'encens est si doux... et c'est si beau la gloire!
D'ailleurs tout par ses soins est déjà préparé,
Un château nous attend dans un lieu retiré;
Là nous pourrons en paix, et dans la solitude,
Jouir tranquillement des plaisirs de l'étude;
De plus, dans un recueil des mieux accrédités,
Nos ouvrages futurs sont d'avance acceptés.

LÉON.

Vous ferez...

JENNY.

De grands vers... de petits épisodes,
Et l'article de fond... dans le *Journal des Modes !*

LÉON.

Peste ! cela promet !

JENNY.

D'abord nous hésitons ;
Mais la voiture est prête... elle part... nous partons !

LÉON.

Sans songer au mari que vous deviez attendre.

JENNY.

C'est vrai.

LÉON.

Bien obligé d'un souvenir si tendre.

JENNY.

Que voulez-vous?... la gloire...

LÉON.

Ah ! je me vengerai !

JENNY.

C'est déjà fait.

LÉON.

Comment ?

JENNY.

Nous avons bien pleuré !

LÉON.

Se peut-il ?

JENNY.

On vous aime, et madame est si bonne !
Quand on se voit, on parle, on gronde... et l'on pardonne ;
Mais de loin... Hier soir, elle pleurait encor.

LÉON.

O ciel ! et maintenant que fait-elle ?

JENNY.

Elle dort.

LÉON.

Elle dort ! sa douleur est très-inquiétante...

JENNY.

Elle a passé la nuit.

LÉON.

A quelque œuvre importante ?

JENNY.

Le travail est pour elle une distraction...
Quand elle s'est couchée, il faisait grand jour.

LÉON.

Bon !

JENNY.

A sept heures, au plus, voulant être éveillée,
De revenir bientôt elle m'avait priée.
Mais j'ai pensé...

LÉON.

Fort mal... une femme d'esprit
Ne doit pas fermer l'œil ni le jour ni la nuit.
Va vite l'avertir.

JENNY.

Vous voulez...

LÉON.

Je l'exige.

JENNY.

Elle en sera malade.

LÉON.

Eh ! tant mieux !... Va, te dis-je !

Elle sort.

SCÈNE II.

LÉON, seul.

Oui, dussiez-vous, Madame, avoir quelque vapeur,
Je saurai vous guérir du beau métier d'auteur.
Je connais tel mari dont le bonheur m'engage
A préférer la prose aux vers dans mon ménage.
D'un astre trop brillant satellite effacé,
N'ayant que la valeur d'un zéro mal placé,
Il n'est, grâce aux amis qui lui viennent en aide,
Ni marié, ni veuf, ni garçon... il possède
La nu-propriété d'une femme d'esprit,
Dont le premier venant lui souffle l'usufruit.
Et j'irais comme un sot...

SCÈNE III.

LÉON, JENNY.

JENNY.

La toilette s'avance.

LÉON, à part.

Mais au fait... pourquoi pas...

Haut.

J'ai ma double vengeance.

Où puis-je me cacher?

JENNY, à la croisée.

Dans le jardin anglais;
On le trouve charmant... mais on n'y va jamais.
Là-bas, à droite...

LÉON, à la croisée.

Tiens...

JENNY.

Quoi?

LÉON.

Quel est ce jeune homme?

JENNY.

Où donc?

LÉON.

Là!

JENNY.

Ce n'est rien.

LÉON.

Comment, rien!

JENNY.

Il se nomme
Alex de Saint-Romain...

SCÈNE III.

LÉON.

Un auteur?

JENNY.

En projet.

Il a tout ce qu'il faut pour l'être... hors un sujet.
Depuis plus de deux ans il est à la poursuite
Du titre qu'il doit mettre à son œuvre inédite ;
Mais il a beau chercher, rien n'est encor venu...
Ce qui n'empêche pas qu'il ne soit très-connu.
On l'estime, on le choie, on l'aime, on le vénère !

LÉON.

Il a donc de l'esprit ?

JENNY.

Il est millionnaire !

LÉON.

C'est différent...

JENNY.

Son père, honnête s'il en fut,
Travailla quarante ans, fit fortune et mourut.

LÉON.

Bien !

JENNY.

Alors, noble et riche, il lui prend fantaisie
D'avoir le goût des arts et de la poésie !
De madame Duprat tout le monde parlait,
Il se fait présenter, la voit, l'aime, lui plaît,
Se cramponne à sa gloire, et, remorqué par elle,
Devient subitement littérateur modèle,
Poëte et romancier... un génie en un mot !
Otez un million, et ce n'est plus qu'un sot.

LÉON.

Le portrait est flatteur !

JENNY.

Flatté, je vous assure,
Il lui ressemble en beau...

LÉON.

Peste !

JENNY.

En miniature.
A ses réflexions profondément livré,
Il cherche le sujet si longtemps désiré ;
Il ne vous verra pas... partez... Je crois l'entendre.

SCÈNE III.

LÉON.

Si je pouvais la voir!

JENNY.

Hâtez-vous de descendre...
C'est elle.

LÉON.

Je t'attends...

JENNY.

J'y vais.

Léon sort.

SCÈNE IV.

MADAME DE PUISIEUX, JENNY.

MADAME DE PUISIEUX.

Eh bien, Jenny?

JENNY.

Personne... ce n'est pas encor pour aujourd'hui.

MADAME DE PUISIEUX.

Et pas de lettre?

JENNY.

Non.

MADAME DE PUISIEUX.

C'est bien !

A part.

C'est incroyable.

Haut.

Il faut que je travaille... approchez cette table.

Elle s'assied.

Que faites-vous là ?

JENNY.

Moi?... J'attends.

MADAME DE PUISIEUX.

Sortez... non... si !

JENNY, à part.

Je crois que le remède a déjà réussi.

Elle sort.

SCÈNE V.

MADAME DE PUISIEUX, seule.

Rien ! pas un mot... ces vers sont froids, c'est vieux, c'est fade !
Hier, je les trouvais charmants... j'en suis malade !
Quatre jours... c'est si long ! j'ai mal fait de partir...
Oui, j'aurais dû l'attendre... ou du moins l'avertir.

J'ai cru qu'il comprendrait... il connaît Albertine,
C'était si naturel... quand on aime on devine.
Mais les hommes seraient honteux de faire un pas;
Ils ne nous aiment plus dès qu'ils ne nous voient pas.
Si j'étais seule au moins... mais ce sot personnage
Dont il me faut subir et les vers et l'hommage,
Ce monsieur Saint-Romain!... Tout bien considéré,
Je n'y puis plus tenir... je me rends... j'écrirai.
Quel bonheur quand demain il recevra ma lettre;
De son étonnement d'abord il n'est pas maître,
Il regarde, il hésite, il doute, il ouvre, il lit...
— C'est d'elle!... Je le vois! j'entends tout ce qu'il dit!
En attendant, l'ingrat m'accuse et me soupçonne...
Mais je vaux mieux que vous, Monsieur, je vous pardonne.
Et quand il l'aura lue, il viendra... je l'attends.

MADAME DUPRAT, dans la coulisse.

Sans doute elle est visible...

MADAME DE PUISIEUX.

      O ciel! quel contre-temps!
Albertine!... Tâchons de ne pas être émue.

SCÈNE VI.

MADAME DE PUISIEUX, MADAME DUPRAT, ALEX.

JENNY, annonçant.

Madame, c'est...

MADAME DUPRAT, entrant.

C'est moi !

Jenny sort.

MADAME DE PUISIEUX.

Toujours la bienvenue.

MADAME DUPRAT.

Bonjour, chère... Venez, Alex...

A Madame de Puisieux.

Vous permettez ?

ALEX, à madame de Puisieux.

Belle dame, je suis confus de vos bontés...
Je n'osais, si matin...

MADAME DUPRAT.

Assez !

A Madame de Puisieux.

Je viens vous prendre,
C'est aujourd'hui mon cours, tout Meudon doit s'y rendre.

SCÈNE VI

MADAME DE PUISIEUX.

J'irai...

ALEX.

Je vous promets un sublime discours !

MADAME DUPRAT.

Sublime... non... c'est beau...

MADAME DE PUISIEUX.

Sur quel sujet ?

ALEX.

Toujours
L'émancipation, la liberté de l'âme,
L'abaissement de l'homme au profit de la femme.

MADAME DE PUISIEUX.

Je comprends... ce sujet doit vous plaire...

ALEX.

Beaucoup.
Il est des plus heureux !

MADAME DE PUISIEUX.

Pour les hommes surtout.

ALEX.

Le sexe n'y fait rien, croyez-moi, belle dame !

MADAME DE PUISIEUX.

Je pense comme vous, Monsieur; mais je suis femme!

MADAME DUPRAT, à madame de Puisieux.

Votre conversion n'est faite qu'à demi,
Je la veux achever à mon cours d'aujourd'hui.

MADAME DE PUISIEUX.

En attendant je vais achever ma toilette.

ALEX.

La nôtre nous réclame et sera bientôt faite,
Nous partirons ensemble.

MADAME DUPRAT, bas à madame de Puisieux.

A propos, et Léon?

MADAME DE PUISIEUX.

Il viendra.

MADAME DUPRAT.

Vraiment!

MADAME DE PUISIEUX.

Oui.

MADAME DUPRAT.

Vous avez écrit?

MADAME DE PUISIEUX.

Non.

Mais mon cœur me le dit.

MADAME DUPRAT.

On croit ce qu'on désire...
On se trompe souvent... Pourquoi ne pas écrire?
C'est tout simple... il n'attend qu'un mot de votre main.
Nous ne le verrons pas...

MADAME DE PUISIEUX.

Nous le verrons... demain.

Elle sort.

SCÈNE VII.

MADAME DUPRAT, ALEX.

MADAME DUPRAT, à part.

Demain... c'est impossible! elle croit... elle espère...
Elle espère toujours!

ALEX, à part, cherchant son sujet.

Une fille... un vieux père...
J'y suis.

MADAME DUPRAT.

Alex!

ALEX.

Plaît-il?

MADAME DUPRAT.

Vous allez à Paris
Porter à l'instant même un billet que j'écris.

ALEX.

A Paris ?

MADAME DUPRAT.

Sur-le-champ... Tenez.

ALEX.

Pour une lettre ?

MADAME DUPRAT.

Vous l'avez entendu.

ALEX.

Si vous vouliez permettre,
J'enverrais quelqu'un...

MADAME DUPRAT.

Oui... mais je ne permets pas,
Et veux que vous alliez vous-même, de ce pas,
La porter chez monsieur...

ALEX.

Un jeune homme, Albertine !

MADAME DUPRAT.

Un jeune homme... monsieur Darcy... place Dauphine...

SCÈNE VII.

Prenez votre cheval et partez.

ALEX.

Mais...

MADAME DUPRAT.

Allez !

ALEX.

Je... Vous faites de moi tout ce que vous voulez.

Il sort.

SCÈNE VIII.

MADAME DUPRAT.

Il viendra !... ce moyen était le seul sans doute.
D'ailleurs j'en ai trop fait pour m'arrêter en route.
J'ai tort ; mais c'est égal.

SCÈNE IX.

MADAME DUPRAT, LÉON.

JENNY, dans le fond, à Léon.

Arrivez, la voici.

LÉON.

Elle est seule ?

JENNY.

Oui.

LÉON.

Va-t'en...

Elle sort.

MADAME DUPRAT, se retournant.

O ciel! monsieur Darcy!

LÉON.

Madame... j'ai... pardon... je crois que je vous gêne.

MADAME DUPRAT.

Au contraire, Monsieur... Quel bon vent vous amène?

LÉON.

Vous me le demandez? Mais il n'est question,
Madame, dans Paris, que des cours de Meudon,
Et je venais chez vous, avant que de m'y rendre,
Empressé de vous voir comme de vous entendre.

MADAME DUPRAT.

Que dit-il?... Quoi! Monsieur...

LÉON.

Si je suis indiscret,
Dites un mot... je pars...

SCÈNE IX.

MADAME DUPRAT.

Comment, il se pourrait...
C'est pour moi...

LÉON.

Pour qui donc, Madame, je vous prie?

MADAME DUPRAT.

Je ne sais... j'avais cru qu'une autre... que Julie...

LÉON.

Madame de Puisieux?... Ah! ne m'en parlez pas;
Longtemps un fol espoir m'entraîna sur ses pas,
Vous le savez... Eh bien... pardonnez-moi, Madame,
D'épancher devant vous tout le fiel de mon âme;
Mais comment se résoudre à passer pour un sot,
Qui se laisse insulter et n'ose dire un mot.
A ce rôle honteux qui pourrait se contraindre?
On est dupe deux fois, quand on l'est sans se plaindre.
Non, non, il faut parler, mais parler franchement
Et dire : Je sais tout, vous me trompez...

MADAME DUPRAT.

Comment!

LÉON.

Vous êtes, j'en suis sûr, de mon avis, Madame.

MADAME DUPRAT.

Je ne vous comprends pas...

LÉON.

Vous pensez que la femme
Qui se serait de moi jouée imprudemment
Aurait bien mérité ce petit châtiment ;
Et que si, par hasard, infidèle et parjure,
Madame de Puisieux m'avait fait cette injure...

MADAME DUPRAT, à part.

Madame de Puisieux !

LÉON.

Je pourrais, n'est-ce pas,
Lui dire : Je sais tout, vous me trompez !

MADAME DUPRAT.

Plus bas !

LÉON.

Et si, las d'un lien dont elle me dégage,
Je voulais mieux placer mes vœux et mon hommage,
J'aurais droit de le faire, et pourrais sans retour
Venger, en l'oubliant, l'oubli de mon amour !

MADAME DUPRAT.

Quoi, Monsieur, vous voulez...

SCÈNE IX.

LÉON.

Je m'emporte, Madame...
Mais, si je le voulais, quelle indulgente femme,
Acceptant le rebut d'un cœur humilié,
Pour doubler ma vengeance en prendrait la moitié?

MADAME DUPRAT.

Toutes s'honoreraient d'un cœur comme le vôtre.

LÉON.

Même en leur avouant que j'en aimais un autre?

MADAME DUPRAT.

Qu'importe? cet aveu n'aurait rien d'offensant...
On pardonne au passé, quand on a le présent.

LÉON.

Que dites-vous, ô ciel!... combien vous êtes bonne!
Vous ne condamnez pas celui qu'on abandonne.
Ah! je le savais bien, Madame... apprenez donc
Que si je suis venu ce matin à Meudon,
C'était... qu'allais-je dire?...

MADAME DUPRAT.

Eh bien?

LÉON.

Je dois me taire...

MADAME DUPRAT.

Achevez...

LÉON.

Je ne puis, je crains votre colère...

MADAME DUPRAT.

Mais, Monsieur...

LÉON.

Permettez qu'un silence discret
Pour toujours, dans mon cœur, renferme mon secret.
Je voulais seulement vous voir et vous entendre ;
De mon émotion je n'ai pu me défendre.
J'eus tort... un nom... le sien, qui vous est échappé,
M'a rappelé d'abord combien on m'a trompé ;
Mais au ressentiment de cette lâche offense,
Succède dans mon cœur une chère espérance...

MADAME DUPRAT.

Je ne vous blâme pas... mais peut-être à vos yeux
A-t-on calomnié madame de Puisieux ;
Peut-être ignorez-vous...

LÉON.

Je sais tout, je vous jure,
Et la punition égalera l'injure.

SCÈNE IX.

Une femme s'est fait un jeu de mon amour :
Je veux, pour la punir, qu'elle m'aime à son tour.
Une fois satisfait, laissant là toute feinte,
Vers un plus digne objet je reviendrai sans crainte,
Sûr de voir excuser un caprice innocent...
On pardonne au passé, quand on a le présent.

MADAME DUPRAT.

Je ne dis pas cela...

LÉON.

Pourquoi vous en défendre ?
Vous l'avez dit...

MADAME DUPRAT.

Monsieur, j'ai peur de vous comprendre.
Dans un autre moment vous vous expliquerez ;
Mais je dois obéir à des devoirs sacrés.
Autant que je l'ai pu, d'une voix impuissante,
J'ai protégé les droits de mon amie absente,
Maintenant j'appartiens à d'autres intérêts.
Allez m'attendre au cours et revenez après.

LÉON.

Ah ! Madame, je pars... L'espérance est permise,
N'est-ce pas ?...

A part.

Elle hésite.

MADAME DUPRAT, lui tendant la main.

A bientôt.

LÉON, à part.

Elle est prise !

Il baise la main de madame Duprat. Madame de Puisieux et Alex entrent chacun par une porte de côté, et les voient. Madame Duprat sort.

SCÈNE X.

MADAME DE PUISIEUX, ALEX.

MADAME DE PUISIEUX, à part.

Ah !

ALEX, à part.

Oh !

LÉON, à part.

Elle m'a vu... Je reviendrai bientôt.

Il sort.

ALEX, à part.

A merveille !

MADAME DE PUISIEUX, à part.

Il s'en va, sans me dire un seul mot.

SCÈNE X.

ALEX, à part.

J'arrive au bon moment... on m'attendait, je pense...

MADAME DE PUISIEUX, à part.

Tout à l'heure Albertine accusait son absence,
Elle ne voulait pas croire qu'il vînt demain,
J'entre et trouve monsieur qui lui baise la main.
Oh !... je n'en puis douter...

ALEX.

Vous l'avez vu, Madame?

MADAME DE PUISIEUX.

C'est une chose affreuse !

ALEX.

Horrible... lâche... infâme !

MADAME DE PUISIEUX.

Il se moque de moi.

ALEX.

De moi, s'il vous plaît.

MADAME DE PUISIEUX.

Non.

Lui seul a tort, tandis qu'Albertine...

ALEX.

Pardon !

MADAME DE PUISIEUX.

Si de le recevoir elle eût eu la pensée,
Tranquillement ici m'aurait-elle laissée?

ALEX.

Dites que, connaissant votre extrême bonté,
Elle aura cru pouvoir...

MADAME DE PUISIEUX.

Oh! quelle indignité!

ALEX.

D'ailleurs elle a tout fait, si je me le rappelle,
Pour que vous allassiez à son cours avant elle.

MADAME DE PUISIEUX.

Vous croyez?

ALEX.

J'en suis sûr, et c'était pour le mieux.

MADAME DE PUISIEUX.

Mais vous qui voyez tout avec de si bons yeux,
Comment donc se fait-il qu'elle ait eu l'imprudence
De ne pas s'affranchir de votre surveillance?
Est-ce que, connaissant vos extrêmes bontés,
Elle a, comme pour moi, cru pouvoir...

SCÈNE X.

ALEX.

Permettez,
C'est précisément là que l'affaire s'explique...
Sachant bien que je suis d'humeur peu pacifique,
Elle avait pris l'avance, et sans plus se gêner,
M'avait tout bonnement envoyé promener.

MADAME DE PUISIEUX.

O ciel !

ALEX.

J'avais déjà fait le quart de la route,
J'étais à Billancourt, quand il me vient un doute.
A l'instant sur mes pas je retourne au galop,
Et j'arrive, ma foi, ni trop tard ni trop tôt,
Juste à temps pour bien voir que de moi l'on s'occupe,
Qu'on me prend pour un sot.

MADAME DE PUISIEUX.

Et moi pour une dupe.

ALEX.

C'est clair comme le jour... Et direz-vous encor
Qu'Albertine ait raison, et que lui seul ait tort !

MADAME DE PUISIEUX.

Je dis, je dis, Monsieur, que c'est une infamie !

Se jouer à ce point...

ALEX.

D'un amant!

MADAME DE PUISIEUX.

D'une amie!

ALEX.

Employer contre nous d'aussi lâches détours ;
M'envoyer à Paris!

MADAME DE PUISIEUX.

M'envoyer à son cours!

ALEX.

C'est une trahison!

MADAME DE PUISIEUX.

Qui demande vengeance.

ALEX, à part.

Avec quelle chaleur elle prend ma défense!

Haut.

Nour pourrions... Le moyen peut-être est hasardeux.

MADAME DE PUISIEUX.

Quel qu'il soit, je l'approuve.

ALEX.

Au surplus, j'en ai deux...

SCÈNE X.

D'abord pour mettre au jour sa noire perfidie,
Je veux sur ce sujet faire... une comédie!

MADAME DE PUISIEUX.

Eh! Monsieur!

ALEX.

Croyez-moi, le moyen est fort bon.
Mais je préférerais mille fois le second.
Albertine me trompe, et n'est qu'une infidèle...

MADAME DE PUISIEUX.

Eh bien?

ALEX.

Pour la punir, si je faisais comme elle?

MADAME DE PUISIEUX.

Quoi!

ALEX.

Ce moyen, Madame, est le meilleur de tous;
Et, si vous permettiez, je pourrais, grâce à vous...

MADAME DE PUISIEUX.

A moi!

ALEX.

Sans doute!

MADAME DE PUISIEUX, à part.

Oh ciel!... c'est Léon!... il s'avance...

ALEX.

Vous ne pensez donc plus, Madame, à la vengeance?

MADAME DE PUISIEUX.

Si fait, si fait...

ALEX.

Alors...

MADAME DE PUISIEUX, à part.

C'est pour elle qu'il vient...

ALEX.

Je vous demande un peu qu'est-ce qui vous retient?

MADAME DE PUISIEUX.

Il la cherche, il approche...

ALEX.

Une innocente ruse
Ne peut...

MADAME DE PUISIEUX.

Eh! qui vous dit, Monsieur, que je refuse?

ALEX.

Ah! bah!

MADAME DE PUISIEUX.

Le voilà! vite à mes pieds...

SCÈNE X.

ALEX, s'y mettant.

J'y suis.

MADAME DE PUISIEUX.

Bon! Parlez.

ALEX.

Oui... je...

LÉON, entrant par la porte du fond.

Très-bien...

MADAME DE PUISIEUX, à Alex qui veut se relever.

Restez... mais restez donc!

SCÈNE XI.

MADAME DE PUISIEUX, ALEX, LÉON.

LÉON.

Ne vous dérangez pas, Madame, je vous prie.

MADAME DE PUISIEUX.

Vous le voyez, Monsieur, je n'en ai nulle envie.

LÉON.

Je ne veux pas troubler un entretien si doux.

MADAME DE PUISIEUX.

Je le regretterais au moins autant que vous.

ALEX, à part, en se relevant.

Diable, mais...

LÉON.

Achevez, et dites-moi vous-même
Qu'il vous plaît que Monsieur...

MADAME DE PUISIEUX.

Et pourquoi non, s'il m'aime?

LÉON.

S'il vous aime!

MADAME DE PUISIEUX.

Cela paraît vous indigner;
Suis-je donc, à vos yeux, si fort à dédaigner?

LÉON.

Probablement alors c'est cette amour subite
Qui vous a de Paris fait partir aussi vite...

MADAME DE PUISIEUX.

Peut-être.

LÉON.

Et vous venez, c'est généreux vraiment,
Chez votre amie, afin d'enlever son amant!

MADAME DE PUISIEUX.

Vous en plaindre, Monsieur, serait une injustice;

SCÈNE XI.

En le faisant, j'ai cru vous rendre un grand service.

LÉON.

Ainsi vous l'avouez?

MADAME DE PUISIEUX.

Oui, pourquoi m'en cacher?

LÉON.

Vous aimez Monsieur?

MADAME DE PUISIEUX.

Mais... qui peut m'en empêcher?

ALEX, à part.

Hein!

LÉON.

Votre aveu me touche et j'ai joie à l'entendre.

MADAME DE PUISIEUX.

Du moins, il est sincère et facile à comprendre.

LÉON.

C'est vrai, pour s'y tromper, il faudrait être sot.

ALEX, à part.

Je veux être pendu, si j'y comprends un mot?

LÉON.

Je dois donc m'éloigner, et vais, quoi qu'il m'en coûte..

MADAME DE PUISIEUX.

Albertine saura vous retenir sans doute,
Elle a tout ce qu'il faut pour cela...

LÉON.

J'en conviens.

A part.

De la mauvaise humeur, du dépit... Je la tiens !

Haut.

Elle a de l'esprit.

MADAME DE PUISIEUX.

Oui... plus que de l'esprit même...

LEON.

Du talent, du goût...

MADAME DE PUISIEUX.

Oui, du goût... elle vous aime !

LÉON.

Madame...

MADAME DE PUISIEUX.

Vous prenez son parti, je le vois.

LÉON.

Je dis ce que je sais et je fais ce que je dois.

MADAME DE PUISIEUX.

Aussi, j'admire fort votre franche conduite,

Et pour vous le prouver, franchement je l'imite.

Monsieur m'aime, je l'aime, et réponds à ses vœux.

Je dis ce qui me plaît et fais ce que je veux!

LÉON.

Votre choix est vraiment des plus heureux, Madame.

ALEX, à part.

Je crois bien...

LÉON.

Mais voici quelqu'un qui me réclame.

MADAME DE PUISIEUX.

Vous l'attendiez?

LÉON.

Peut-être.

SCÈNE XII.

MADAME DE PUISIEUX, ALEX, LÉON,
MADAME DUPRAT.

MADAME DUPRAT.

Eh! quel honneur pour nous!

Monsieur Léon, enfin...

LÉON.

Madame...

MADAME DUPRAT.

Savez-vous
Que faire attendre ainsi, Monsieur, les gens qu'on aime,
C'est mal...

ALEX, à part.

Plaît-il...

MADAME DE PUISIEUX, à part.

Comment, elle ose...

MADAME DUPRAT.

Aujourd'hui même,
Madame de Puisieux avec moi s'en plaignait,
Et nous nous étonnions...

MADAME DE PUISIEUX.

Moi, pas du tout.

MADAME DUPRAT.

Si fait.

MADAME DE PUISIEUX.

C'est-à-dire que vous, en charitable femme,
Me parliez, soi-disant pour moi, de lui, Madame,
Et même m'invitiez d'un air de bonne foi,
A le faire chez vous venir, comme pour moi !

SCÈNE XII.

MADAME DUPRAT, bas à Léon.

Je vous expliquerai plus tard toute l'affaire...

MADAME DE PUISIEUX.

L'absence de Monsieur ne pouvait rien me faire,
Il ne me savait pas à Meudon... S'il y vient,
C'est à vous, non à moi, que l'honneur en revient.

LÉON.

En effet... le hasard a dû seul m'y conduire,
Madame ayant pris soin de ne pas m'en instruire.

MADAME DUPRAT.

Quel que soit le motif qui vous ait amené,
Vous voilà, tout est dit, nous avons pardonné...

MADAME DE PUISIEUX.

Vous êtes vraiment bonne et pleine d'indulgence!

MADAME DUPRAT, à Léon.

Mais comme tout péché mérite pénitence,
Pour aller à mon cours offrez-moi votre bras,
C'est votre châtiment.

LÉON.

Je ne m'en plaindrai pas.

MADAME DUPRAT, à madame de Puisieux.

Vous venez, chère...

MADAME DE PUISIEUX.

Non.

MADAME DUPRAT.

Si.

MADAME DE PUISIEUX.

Non.

MADAME DUPRAT.

Quelle manie...

MADAME DE PUISIEUX.

Je ne sors pas, Monsieur me tiendra compagnie.

LÉON, montrant Alex à madame Duprat.

Monsieur...

MADAME DUPRAT.

Comment, Alex, vous étiez là?

ALEX.

Parbleu! Vous ne m'avez pas vu?

MADAME DUPRAT.

Non...

ALEX.

Bah!

LÉON, offrant son bras à madame Duprat.

> Partons.

MADAME DUPRAT.

> Adieu!...

Ils sortent.

SCÈNE XIII.

MADAME DE PUISIEUX, ALEX.

ALEX.

C'est trop fort!

MADAME DE PUISIEUX.

Je suffoque.

ALEX.

Elle l'adore!

MADAME DE PUISIEUX.

Il l'aime!

ALEX.

C'est sûr!

MADAME DE PUISIEUX.

Monsieur, je veux partir à l'instant même.
Nous ne pouvons souffrir qu'on se moque de nous :
Elle part avec lui, moi je pars avec vous!

ALEX.

Avec moi !

MADAME DE PUISIEUX.

Nous irons où vous voudrez, n'importe ;
Je m'abandonne à vous, mais il faut que je sorte,
Il le faut !

ALEX.

Comment donc ! tout de suite...

A part.

Très-bien,
Chacun son tour, je vais avoir aussi le mien.

Haut.

Ma voiture est en bas, j'ordonne qu'on l'apprête...
Je descends et remonte...

MADAME DE PUISIEUX.

Allez... je serai prête.

ALEX.

J'y vais, j'y cours... Elle est adorable, ma foi !

A part.

Ah ! madame Duprat, vous faites fi de moi !
A votre aise...

MADAME DE PUISIEUX.

Allez donc !

SCÈNE XIII.

ALEX.

Je reviens.

Il sort. Madame de Puisieux sonne, Jenny entre.

SCÈNE XIV.

MADAME DE PUISIEUX, JENNY.

MADAME DE PUISIEUX.

Jenny, vite,
Nos paquets, nous partons pour Paris tout de suite...
Mon voile, mon chapeau.

Elle s'assied.

JENNY, à part.

Je l'aurais parié...

Haut.

Au premier coup d'œil tendre, il a tout oublié!

MADAME DE PUISIEUX.

Oui, tout... qui l'eût pensé!

JENNY.

Qui?... moi... j'en étais sûre.
Mon Dieu! les hommes sont de si pauvre nature;
Au lieu de marchander ils cèdent tout d'abord;
Chez eux la chair est faible... et l'esprit n'est pas fort!

MADAME DE PUISIEUX

Après tant de serments...

JENNY.

Un geste, une parole,
Un sourire... Colère et serments, tout s'envole !
Que voulez-vous ?... d'ici, je le vois tout confus,
Pour expier des torts que vous seule aviez eus...
Vous dire : Au rendez-vous j'eus grand soin de me rendre ;
Peut-être, à la rigueur, auriez-vous dû m'attendre,
Ou m'avertir au moins en partant pour Meudon ;
Mais c'est égal, moi seul suis coupable... pardon...
J'étais fou... quand on aime, on craint plus qu'on n'espère !
Je ne vous croyais pas infidèle... au contraire...
Cependant j'avais peur, et, dans mon sot effroi,
Je voulais me venger de... je ne sais trop quoi.
J'ai, malgré tout le soin qu'elle met à me plaire,
Pour madame Duprat une haine exemplaire ;
Eh bien, uniquement pour vous mettre en courroux,
Je voulais l'adorer... tomber à ses genoux...

MADAME DE PUISIEUX.

Se peut-il ?

JENNY.

La vengeance était fort bien choisie...
Jaloux, il s'attaquait à votre jalousie...

SCÈNE XIV.

MADAME DE PUISIEUX.

D'où sais-tu... qui t'a dit...

JENNY.

Lui-même.

MADAME DE PUISIEUX.

Quoi ! Darcy...

JENNY.

C'est par moi qu'il savait que vous étiez ici.

MADAME DE PUISIEUX.

Il le savait...

JENNY.

Sans doute.

MADAME DE PUISIEUX.

Oh ! mon Dieu ! je devine,
C'est pour moi qu'il venait et non pour Albertine.

JENNY.

Parbleu ! la chose est sûre.

MADAME DE PUISIEUX.

Il ne l'aime donc pas ?

JENNY.

Il s'en garderait bien.

MADAME DE PUISIEUX.

Oh! je cours de ce pas...

JENNY.

Où donc?

MADAME DE PUISIEUX.

Il lui baisait la main... il m'avait vue;
Je ne le savais pas... j'entre, troublée, émue,
J'ai pensé...

JENNY.

Quoi, Madame!...

MADAME DE PUISIEUX.

Et tu ne m'as rien dit!

JENNY.

Écoutez donc, chacun ménage son crédit:
C'est votre époux futur; moi, c'est mon futur maître;
Il ne l'est pas encor... mais demain il peut l'être!

MADAME DE PUISIEUX.

Il fallait...

JENNY.

Après tout, c'est bien à lui, vraiment:
Il voulait vous punir, et l'a fait bravement...

SCÈNE XIV.

MADAME DE PUISIEUX.

Ah ! si je l'avais su !

JENNY.

   Vous auriez, je l'espère,
Aussi brave que lui, rendu guerre pour guerre...

MADAME DE PUISIEUX.

J'étais folle, j'étais jalouse, j'ai cru voir
Qu'il aimait Albertine, et, dans mon désespoir,
Je n'ai pas réfléchi... mon unique pensée
Fut d'offenser celui qui m'avait offensée...
Monsieur Alex m'offrait son secours odieux,
Il était à mes pieds, Léon vient... furieux,
Il n'en peut plus douter... il me croit infidèle...

JENNY.

Bien... très-bien...

MADAME DE PUISIEUX.

   Albertine entre, il sort avec elle...
Monsieur Alex est là... j'implore son appui...

JENNY.

Bravo !

MADAME DE PUISIEUX.

  Je veux qu'il parte et m'emmène avec lui...

JENNY.

On ne peut mieux !

MADAME DE PUISIEUX.

Le fat doit croire que je l'aime...
Que faire ?... dans l'instant il va venir lui-même...
Il faut absolument que je parle à Léon ;
Je veux tout avouer, lui demander pardon.

JENNY.

Pas du tout.

MADAME DE PUISIEUX.

Ce moyen est le seul.

JENNY.

Au contraire ;
Ne vous avisez pas, Madame, d'en rien faire.
Vous tenez les atouts, n'allez pas les lâcher.
Monsieur se fâche ; eh bien, laissez-le se fâcher...
Il vous trompait, il faut lui rendre la pareille...
Il vous dressait un piége, il y tombe, à merveille !
C'est de très-bonne guerre ! allez, ne craignez rien...
Ce que vous avez fait par dépit, est fort bien.
Seulement vous serez, en manière d'excuse,
Censée avoir compris et déjoué sa ruse !

SCÈNE XIV.

MADAME DE PUISIEUX.

Mais il n'en croira rien...

JENNY.

Il vous aime beaucoup...
Il vous croira, Madame : un amoureux croit tout !
Je l'entends...

MADAME DE PUISIEUX.

J'aurai tort.

JENNY.

Mais non, soyez tranquille.

MADAME DE PUISIEUX.

Et l'autre qui bientôt...

JENNY.

L'autre est un imbécile.

MADAME DE PUISIEUX.

Cependant...

JENNY.

C'est un homme à n'y voir que du feu.

MADAME DE PUISIEUX.

Je devrais...

JENNY.

Par prudence, éloignez-vous un peu.

MADAME DE PUISIEUX.

J'ai peur...

JENNY.

Non... un amant n'est jamais redoutable. Entrez, pour reparaître au moment favorable.

<small>Elle lui ouvre la porte du cabinet à gauche.</small>

MADAME DE PUISIEUX.

Mais, je n'entendrai rien.

JENNY.

Essayez... le voilà !...

<small>Elle ferme la porte.</small>

Il vous aime !

MADAME DE PUISIEUX, entr'ouvrant la porte.

On entend.

JENNY.

Rentrez vite...

<small>Elle referme la porte. Léon voit le mouvement.</small>

SCÈNE XV.

LÉON, JENNY.

LÉON, à part.

Elle est là !

JENNY, à part.

A nous deux... Je commence à ne savoir que dire...

SCÈNE XV.

Il ne me paraît pas du tout en train de rire...

LÉON.

Que fait Madame?

JENNY, à part.

Allons, ferme, ne tremblons pas.

Haut.

Madame! elle est sortie.

LÉON.

Hein!

JENNY.

Non... elle est en bas... Mais elle va sortir.

LÉON.

Je le sais.

JENNY.

Quoi?

LÉON.

Sans doute. Avec Monsieur...

JENNY.

Plaît-il?

LÉON.

Alex.

JENNY.

Mais...

<small>Elle se retourne du côté du cabinet.</small>

LÉON, la voyant, à part.

Elle écoute.

C'est un complot.

JENNY.

Comment, qui vous a dit...

LÉON.

Parbleu !

Il ne s'en cache pas... au contraire.

JENNY, à part.

O mon Dieu !

<small>Haut.</small>

Quoi ! lui-même ?

LÉON.

Au surplus la chose est naturelle,
Je crois pour s'en vanter la victoire assez belle ;
Madame de Puisieux, malgré lui, tout à coup,
S'en vient éperdûment se jeter à son cou,
Elle l'aime, elle veut qu'il l'enlève... que faire ?

SCÈNE XV.

Il obéit... Mais rien ne l'oblige à se taire :
L'aventure est piquante, il la racontera
Ce soir à Tortoni, demain à l'Opéra...
Dans deux jours, des salons elle sera la fable...
L'homme sera loué... Mais la femme coupable !
Sur elle vont pleuvoir les propos insultants,
Tous les sots en riront... on en rira longtemps !
Et l'on fera très-bien...

JENNY.

Comment, Monsieur, vous-même.

LÉON.

Quand un homme de cœur, trahi par ce qu'il aime,
Reconnaît son affront, bien loin de le pleurer,
Il bénit le hasard qui vient de l'éclairer...
Madame de Puisieux, libre de sa tendresse,
Pour en aimer un autre aujourd'hui me délaisse :
Je regrette, il est vrai, que pour me remplacer,
A faire un choix pareil elle ait pu s'abaisser,
Qu'à la merci d'un fat qui va la compromettre,
Elle ait mis son amour, et son honneur peut-être ;
Mais enfin mon bonheur et ma tranquillité
Me font de l'oublier une nécessité...
Ce matin, la croyant à peu près innocente,

Le pardon à la bouche ici je me présente :
Tu me dis et j'admets, de la meilleure foi,
Que madame Duprat est éprise de moi...

JENNY.

C'était...

LÉON.

La vérité, je le sais... et moi-même
Qui croyais la haïr, je me trompais, je l'aime...

JENNY.

Qui?

LÉON.

Madame Duprat.

JENNY.

O ciel!...

LÉON.

Et pourquoi pas?
Peu sensible à sa voix qui me charmait tout bas,
A la porte du cours, dès que je l'ai conduite,
Pour rejoindre Julie, empressé je la quitte,
J'entre et trouve d'abord ce monsieur Saint-Romain,
Qui m'accoste et me crie en me serrant à main :
Ah! Monsieur... je n'ai pas l'honneur de vous connaître;

SCÈNE XV.

Mais c'est égal, ma vie est en vos mains peut-être...
Les jeunes gens entr'eux sont communs d'intérêts,
Ils s'obligent d'abord, font connaissance après.
Une femme est là-haut, qui m'aime, qui m'adore,
Qui veut que je l'enlève... et tout de suite encore !
Moi, je ne l'aime pas... mais c'est toujours cela...
Je voudrais l'enlever. — Eh bien enlevez-la.
— Oui... mais... — Il me raconte alors que c'est Julie...
Madame de Puisieux, qui l'aime à la folie,
Qu'elle veut avec lui partir, qu'il le veut bien,
Que, hors une voiture, il ne leur manque rien,
Qu'Albertine est allée au cours avec la sienne,
Que je puis... Je comprends... et lui prête la mienne.

JENNY.

La vôtre !

LÉON.

Assurément... ne suis-je pas heureux
D'obliger, à ce prix, madame de Puisieux ?
Il accepte, et s'en va, dans ma propre voiture,
De mon consentement, enlever ma future.

JENNY.

Et vous avez souffert...

LÉON.

Devais-je me fâcher?
Il faut souffrir ce que l'on ne peut empêcher...
Je n'avais pas le droit d'aller, puisqu'elle l'aime,
Prendre pour son honneur parti contre elle-même.

JENNY, à part.

Que faire...

LÉON, se rapprochant du cabinet où est madame de Puisieux.

Je l'avais si souvent répété :
Ce qui, de prime-abord, n'est que légèreté,
Tôt ou tard, dégénère en faute véritable ;
D'un caprice innocent l'habitude est coupable.
Mais au lieu de se rendre à mes sages avis,
Madame de Puisieux ne les a pas suivis ;
Ils eussent préservé son inexpérience,
Elle n'a pas voulu... Voilà sa récompense !
Qu'elle parte !

JENNY.

Monsieur, je vais l'avertir.

LÉON.

Non !
Je ne veux pas la voir.

SCÈNE XV.

JENNY.

Cependant...

LÉON.

A quoi bon?

JENNY.

Un mot d'elle pourrait...

LÉON.

Je ne veux pas l'entendre.

JENNY.

Mais elle va venir...

LÉON.

Je ne veux pas l'attendre.
Porte-lui mes adieux... elle est en bas?

JENNY.

Oui... mais...

LÉON.

Il suffit... va-t'en.

JENNY.

Si... Diable d'homme... J'y vais!

Elle sort.

SCÈNE XVI.

MADAME DE PUISIEUX, LÉON.

MADAME DE PUISIEUX.

Léon...

LÉON, à part.

C'est elle.

MADAME DE PUISIEUX.

Je... Léon, je suis coupable,
Je ne puis le nier... tout m'accuse et m'accable;
Vous-même... écoutez-moi, de grâce, jusqu'au bout.
On ne condamne pas d'avance... Je sais tout...
J'étais là... j'entendais sans oser me défendre.
Ah! Monsieur, deviez-vous aussi vite vous rendre!
Vous l'avez dit, je vais m'éloigner sans retour;
Mais je veux votre estime, en perdant votre amour.
Je ne fus qu'égarée... Une femme légère,
Sans comprendre le mal, quelquefois peut le faire;
Elle obéit d'abord au caprice, au hasard...
Et quand elle s'arrête, il est souvent trop tard.
Je n'ai pas réfléchi... je vous aimais...

SCÈNE XVI.

LÉON.

Madame...

MADAME DE PUISIEUX.

Ce n'est plus votre amour qu'aujourd'hui je réclame ;
Une autre le possède et moi je l'ai perdu...
Je ne vous en veux pas... mais j'ai tout entendu.
Si vous saviez, lorsque je vous vis avec elle,
J'étais folle et voulus vous paraître infidèle...
Cet homme alors... cet homme, il plaignait mon tourment,
Je le pris pour complice et non pas pour amant ;
Il m'offrait un moyen de venger mon injure,
J'acceptai sans l'aimer, sans l'aimer, je vous jure !
Voilà mes torts, Léon, j'ai mal fait, je le sais ;
Je ne m'en défends pas ; mais vous qui m'accusez,
Voyons, n'êtes-vous pas bien injuste ? Les hommes
Nous traitent sans pitié toutes tant que nous sommes ;
Nous ne pouvons jamais trouver grâce auprès d'eux ;
L'ombre du mal devient criminelle à leurs yeux...
Que dis-je !... le bien même irrite leurs scrupules ;
Avons-nous du talent, nous sommes ridicules ;
Ils croient de leur honneur et de leur dignité
De vouer nos esprits à la stérilité ;
Ce qui n'empêche pas pourtant que chez les femmes

On trouve quelquefois...

LÉON.

Oui, de puissantes âmes
Qu'inspire le génie, et qui, du feu sacré
Ont reçu, par hasard, un rayon égaré...
Mais qu'on trouve bien plus de ces docteurs en jupes,
Prêtresses de boudoir et chercheuses de dupes,
Dont le seul intérêt fit la vocation,
Et qui de femme-auteur déshonorent le nom !
Celles-là croient en vain échapper aux risées,
Elles sont tôt ou tard en spectacle exposées ;
La ruse pour un temps leur a fait des flatteurs ;
Mais, aux regards surpris de leurs admirateurs,
La vérité fatale un beau jour se révèle...
Tout alors, gloire, honneur, disparaît devant elle,
Et le manteau d'esprit qu'elles ont emprunté
Laisse voir, en tombant, leur sotte nudité.
Voilà de quels faux dieux vous prenez la défense !
Pour nous, du vrai talent faisant la différence,
Nous savons lui payer d'honorables tributs ;
Pour défendre ses droits, en combattre l'abus ;
Mesurer au mérite et le blâme et l'estime ;
Et, tout en flétrissant d'une voix unanime

SCÈNE XVI.

Les spéculations de vos dames Duprat,
Rendre hommage à Corinne, et justice à Mauprat!

MADAME DE PUISIEUX.

Eh! sachez donc aussi d'un crime véritable
Distinguer une erreur... Je ne suis pas coupable,
Je vous l'ai déjà dit... Mon Dieu! si vous m'aimiez,
Je serais innocente et mes torts oubliés.

LÉON.

Vous parlez à la fois de torts et d'innocence...

MADAME DE PUISIEUX.

C'est qu'innocente au fond, j'ai tort par l'apparence.
L'apparence est trompeuse, injuste...

LÉON.

Je le sais...
Mais enfin, quand par elle on a les yeux blessés,
Quand on a vu le mal, on le croit, homme ou femme...

MADAME DE PUISIEUX.

Non, Monsieur, on hésite, on doute...

LÉON.

Non, Madame;
Vous ne connaissez pas encor le cœur humain.
On se dit : Je l'ai vu qui lui baisait la main!

On se dit : Je l'ai vu s'en aller avec elle !
Donc il l'aime ! on le croit... la chose est naturelle.

MADAME DE PUISIEUX.

Quoi ! Monsieur...

LÉON.

On se dit : Là, dans ce cabinet,
Cachée à ses regards, quand il me condamnait,
J'ai compris que l'ingrat me croyait infidèle ;
Donc il ne m'aime plus ! la chose est naturelle.

MADAME DE PUISIEUX.

Achevez, achevez...

LÉON.

Et l'on ne se dit pas,
S'il m'accusait tout haut, il m'excusait tout bas...
Il m'aime... heureux et fier de me rendre justice,
Il voulut corriger sa femme d'un caprice...

MADAME DE PUISIEUX.

Sa femme !

LÉON.

En lui donnant une utile leçon,
Dont il vient à ses pieds lui demander pardon.

SCÈNE XVI.

MADAME DE PUISIEUX.

Ah! Monsieur!

Léon est à genoux et lui baise la main.

SCÈNE XVII.

MADAME DE PUISIEUX, LÉON, MADAME DUPRAT, ALEX, JENNY.

JENNY, à la porte de droite.

Oh!

MADAME DUPRAT, à la porte de gauche.

Dieu!

ALEX, à la porte du milieu.

Ciel!

LÉON, à genoux.

Chacun son tour!...

A madame Duprat.

Madame, Répétez donc de grâce à Julie... à ma femme...

ALEX, à part.

Hein!

LÉON.

Que ma trahison n'avait rien d'offensant...

Qu'on pardonne au passé, quand on a le présent.

ALEX, à part.

Sa femme !

LÉON, à Alex.

Vous vouliez me rendre un bon office...
Je comprends.

ALEX, à part.

Il comprend.

LÉON.

Tout à votre service...
Les jeunes gens entr'eux sont communs d'intérêts,
Ils s'obligent d'abord, font connaissance après.
Je ne l'oublîrai pas... je suis avocat...

ALEX.

Diable...
Bel état !

A part.

Il me fait une peine incroyable.

LÉON.

Si jamais vous avez des procès...

ALEX.

J'en aurai !

SCÈNE XVII.

LÉON.

Venez nous voir, mon cher, je vous les gagnerai...
J'en gagne quelquefois...

A madame Duprat.

N'est-ce pas, Albertine?

MADAME DUPRAT.

Monsieur!

LÉON, à Alex en lui présentant sa carte.

Léon Darcy.

ALEX.

Darcy!... place Dauphine?

LÉON.

Précisément.

ALEX.

Parbleu! cela se trouve bien...
J'ai pour vous, dans ma poche, un billet...

MADAME DUPRAT, à part.

C'est le mien!

Haut.

Pardon, il est de moi...

Elle le prend.

Ce que l'on peut se dire,
On ne se l'écrit pas, ainsi je le déchire...

LÉON.

Madame...

MADAME DUPRAT.

Il est de moi, je vous l'ai déjà dit...
Pour vous faire venir je vous l'avais écrit.

LÉON.

Je reconnais bien là votre bonté !

MADAME DUPRAT.

      Julie
S'ennuyait loin de vous...

ALEX, à part.

    La raison est polie !

MADAME DUPRAT.

Heureuse ainsi d'avoir pu vous servir tous deux...
Je vous quitte.

LÉON.

    Pour faire encore des heureux...
Je ne vous retiens pas... vos disciples attendent ;
Portez-leur au plus tôt la manne qu'ils demandent ;
Vous faites tant pour nous, pour eux ferez-vous moins ?
C'est mal de les avoir quittés.

SCÈNE XVII.

MADAME DUPRAT.

Je les rejoins!

A Alex.

Venez.

Elle sort.

SCÈNE XVIII.

MADAME DE PUISIEUX, LÉON, ALEX, JENNY.

ALEX, à Léon.

Un bon mari dont sa femme se moque...
C'est, je crois, mon cher maître, un sujet de l'époque?

LÉON.

Oui... des hommes dupés, on en voit...

ALEX.

Avant peu,
Je vous veux là-dessus lire une pièce... Adieu...
Vous comprenez?

LÉON.

Très-bien!

ALEX, à part.

Il comprend!

Haut.

Mon cher maître,

J'aurai besoin de vous avant huit jours peut-être...

LÉON.

Tant mieux.

ALEX, bas, à madame de Puisieux.

Avant huit jours.

MADAME DE PUISIEUX.

Monsieur !

ALEX.

J'ai bien l'honneur d'être...

A Léon.

Votre client...

A madame de Puisieux.

Et votre serviteur.

Il sort.

SCÈNE XIX.

MADAME DE PUISIEUX, LÉON, JENNY.

MADAME DE PUISIEUX.

Le fat !

LÉON.

Eh bien, Julie...

SCÈNE XIX.

MADAME DE PUISIEUX.

Oh! je vous en conjure,
Léon, épargnez-moi...

LÉON.

Jenny... notre voiture.

JENNY.

Oui, Monsieur...

LÉON.

A propos...

JENNY.

Plaît-il?

LÉON, à madame de Puisieux.

N'oubliez pas
Qu'un honnête conseil vient rarement d'en bas;
Les dames, de nos jours, en place de soubrettes
Ont des femmes de chambre... et n'en sont pas plus bêtes.

JENNY, à part.

Merci... chacun sa part.

Elle sort.

SCÈNE XX.

MADAME DE PUISIEUX, LÉON.

MADAME DE PUISIEUX.

Mais qui donc vous a dit?

LÉON.

Une once de bon sens vaut mieux que deux d'esprit :
J'ai deviné le mal, et l'ai guéri, j'espère.

MADAME DE PUISIEUX.

Pour toujours !

LÉON.

Maintenant, ce qu'il nous reste à faire,
C'est de partir...

MADAME DE PUISIEUX.

Partons !

LÉON.

Et si vous m'en croyez,
Vous laisserez ici vos chefs-d'œuvre oubliés.

SCÈNE XXI.

MADAME DE PUISIEUX, LÉON, JENNY.

JENNY, annonçant la voiture.

Monsieur...

LÉON.

Bien.

MADAME DE PUISIEUX.

Contre vous je ne suis pas de force ;
Vous condamnez l'esprit, avec lui je divorce ;
Je ne veux plus, Monsieur, en avoir désormais.

LÉON.

Au contraire, ayez-en ; mais n'en faites jamais.

FIN DE L'AVOCAT DE SA CAUSE.

UN JEUNE HOMME

COMÉDIE EN TROIS ACTES

Représentée pour la première fois à Paris, sur le théâtre de l'Odéon (Second Théâtre-Français), le 29 octobre 1841.

PERSONNAGES

ROBERT DURHAM. MM. VALMORE.
GEORGE. MUNIÉ.
MAURICE FORESTIER. FILLION.
DUROSOIR. LOUIS MONROSE.
JOSEPH. DEROSELLE.
CLÉMENT. ROUSSET.
MARIE BENARD. Mmes CAROLINE ROUSSET.
JULIENNE. WEIS.
URSULE. HEINAULT.

La scène se passe à Paris, chez Marie Bénard.

UN JEUNE HOMME

ACTE PREMIER

Salon de bon goût, porte au fond, portes demi-latérales dans les angles à droite et à gauche. — Petite porte de cabinet au fond à la gauche du spectateur; porte à sa droite sur le premier plan (chambre de Marie), une portière devant cette porte. — En face, à gauche, une croisée. — Table à la droite du spectateur; petit bureau à gauche.

SCÈNE PREMIÈRE.

ROBERT DURHAM, JOSEPH, JULIENNE.

JULIENNE, à Joseph.

Un peu de patience...

JOSEPH.

Oui... mère Julienne.

Julienne rentre dans la salle à manger.

A Robert Durham.

Nous voici dans la place; entrez, mon capitaine.

ROBERT DURHAM.

Mon vieux, mon cher Joseph, c'est bien toi...

JOSEPH

C'est bien vous;
Mon bon monsieur...

ROBERT DURHAM.

Silence... Un mot nous perdrait tous.
Oui, mon brave Joseph, après quinze ans d'absence,
C'est moi... J'arrive enfin, le cœur plein d'espérance,
Et je trouve... Ah! le ciel, par de nouveaux revers,
Devait-il me payer de ceux que j'ai soufferts!

JOSEPH.

Du courage, Monsieur... C'est un malheur sans doute;
Mais...

ROBERT DURHAM.

Et si le hasard ne t'eût mis sur ma route,
Je m'en allais pourtant, sans savoir en quel lieu...

JOSEPH.

Ce n'est pas le hasard, non, c'est la main de Dieu!...
J'entendais, là, tout bas, comme une voix céleste
Qui me criait toujours : reste, vieux Joseph, reste ;
Ton maître reviendra... Vous voilà revenu !
Et mon cœur... C'est mon cœur qui vous a reconnu.
Je ne vous voyais pas, car mes yeux... Mais n'importe,

Vous étiez là, debout, triste devant la porte,
Presque en pleurs, comme au jour où nous disant adieu...
Enfin, enfin, c'est vous !

ROBERT DURHAM.

Trop tard peut-être.

JOSEPH.

Un peu.

Mais tout n'est pas perdu, croyez-moi.

ROBERT DURHAM.

Je l'espère...

Ah ! Joseph, quel métier que le métier de père !
Mais je ne puis comprendre...

JOSEPH.

Il faut lui pardonner...
Jeune, honnête, mais faible, on se laisse entraîner.
Figurez-vous, Monsieur, c'est bien la plus belle âme !
A vingt ans, il était aussi doux qu'une femme.
Tout allait bien alors... Voilà trois ans, hélas !
Il m'aimait comme un père, et ne me quittait pas.
Moi, je veillais sur lui, la nuit, le jour, sans cesse...
Je vous l'avais promis et tenais ma promesse.
Mais enfin la vieillesse aux jeunes gens déplaît ;
Et puis un vieux valet n'est toujours qu'un valet...

ROBERT DURHAM.

Joseph!...

JOSEPH.

Oh! pas pour vous!... Las de mon bavardage,
Il chercha des amis de son rang, de son âge;
Et le malheur voulut qu'un nommé Forestier...
Pauvre George, j'eus beau dire, j'eus beau prier...
J'eus beau parler de vous... Et pourtant il vous aime!
Il était entraîné, Monsieur, malgré lui-même...
Ce maudit Forestier... C'est un gaillard charmant,
Au physique... Au moral, c'est un vrai garnement.
Sa fortune sera, dit-on, des plus honnêtes;
Mais jusqu'ici, néant.

ROBERT DURHAM.

Et que fait-il?

JOSEPH.

Des dettes.

Et monsieur George aussi.

ROBERT DURHAM.

Des dettes!

JOSEPH.

Et beaucoup.

ROBERT DURHAM.

Quoi... Quand pour l'enrichir je me privais de tout !
Poursuis, mon vieux Joseph.

JOSEPH.

Oui, Monsieur... Mon service
Déplut... et j'en suis fier... à ce monsieur Maurice.

ROBERT DURHAM.

Maurice ?

JOSEPH.

Oui, Forestier... Maurice Forestier.

ROBERT DURHAM.

Et que fit-il ?

JOSEPH.

Il fit... Il me fit renvoyer.
C'est naturel, on est importun à mon âge ;
Mais ma fidélité le gênait davantage !
Quand je fus à la porte, il s'installa chez nous ;
Auprès de monsieur George, il nous desservit tous ;
Il le trompa, Monsieur, d'une manière infâme ;
Il égara son cœur, mais sans changer son âme !
Et cependant, il fit ce qu'il put pour cela.

ROBERT DURHAM.

Mais ce nom, ce faux nom, Joseph...

JOSEPH.

Nous y voilà !...
En me chassant, ainsi qu'un mauvais domestique,
On croyait s'affranchir d'un témoin véridique ;
On voulait m'éloigner; mais je ne partis pas.
Je m'attachai, Monsieur, comme une ombre à leurs pas.
Grâces à vos bontés, j'avais assez pour vivre...
Partout, en votre nom, je crus devoir les suivre ;
Je les suivis partout... Voilà par quel moyen
J'ai tout su, j'ai tout vu... Plus de mal que de bien !
Monsieur George si bon, si simple, si modeste,
Ne put se garantir d'un exemple funeste...
Dès ce moment, adieu nos utiles travaux ;
On ne s'occupa plus que de chiens, de chevaux ;
On fut du Jockey-Club... On fit le gentilhomme...
On alla se loger à la place Vendôme.
Et, par faiblesse enfin, bien plus que par orgueil,
On se fit appeler monsieur George d'Erfeuil.

ROBERT DURHAM.

Par faiblesse...

JOSEPH.

Monsieur, c'est l'autre... Toujours l'autre !
Mon indignation fut égale à la vôtre.

J'attendis monsieur George un jour... Je lui parlai.
Pauvre enfant, il était si honteux, si troublé,
Il avait des remords que je ne puis vous peindre ;
Je voulais le gronder... Je ne sus que le plaindre.
Il me soutint pourtant que monsieur Forestier
L'aimait bien... Que son père avait dû l'oublier...
Que loin de son pays, orphelin, sans ressource,
Il n'avait qu'un ami, dont le cœur et la bourse...

ROBERT DURHAM.

La bourse ! mais Joseph...

JOSEPH.

Oui, vous me l'avez dit.
C'est encor quelque tour du Forestier maudit.
Monsieur George, pourtant... c'est même son excuse...
Il a cru...

ROBERT DURHAM.

Je soupçonne une infernale ruse.

JOSEPH.

Et moi donc !... Mais c'est peu, Monsieur, que tout ceci,
Il nous fallait en outre un crime, et le voici !
Cette jeune Marie... Un ange d'innocence !

ROBERT DURHAM.

Tous deux ont, pour la perdre, été d'intelligence !

JOSEPH.

Tous deux n'est pas le mot... Monsieur George est charmant,
Il s'en est fait aimer tout naturellement,
Il voulait l'épouser... Elle l'aime... Il l'adore...
Elle en était bien digne... Elle en est digne encore !
Cependant elle aurait mieux fait de l'oublier,
N'est-il pas vrai ?... Mais grâce au monsieur Forestier,
Afin de l'abuser tout fut mis en usage ;
Son père était absent pour un petit voyage ;
On lui dit que, malade, en chemin arrêté,
Sans elle il ne pouvait rétablir sa santé.
Qui se serait douté d'un pareil artifice...
Elle partit, avec cette vieille nourrice,
Brave femme, un peu folle, et qui n'a rien compris.
Que devenir, que faire, une fois à Paris ;
La pauvre enfant n'osa retourner chez son père ;
Elle eut tort... Mais c'est tout, car sa vertu sévère...

ROBERT DURHAM.

Dieu le veuille.

JOSEPH.

Oui, Monsieur, oui, c'est la vérité.

ROBERT DURHAM.

Mais, Joseph, comprends-tu quelle fatalité !

ACTE I, SCÈNE I.

Lorsque je viens, au nom d'un père de famille,

Pour défendre l'honneur de cette jeune fille,

Lorsqu'à son ravisseur je viens la réclamer,

Ce ravisseur, Joseph, c'est... Comment le nommer!

JOSEPH.

Mon bon maître...

ROBERT DURHAM.

Ah! j'ai peine à retenir mes larmes...

La fille de Bénard, mon vieux compagnon d'armes...

Oui, je la défendrai, j'en ai fait le serment.

JOSEPH.

Vous ferez bien, Monsieur... Calmez-vous seulement.

Je crains, qu'en vous voyant, la pauvre demoiselle...

Vous désiriez la voir, et nous voici chez elle;

C'est le point principal... Monsieur George y viendra.

ROBERT DURHAM.

George!

JOSEPH.

Le Forestier par malheur y sera...

Que dis-je... Il est ici déjà, depuis une heure.

ROBERT DURHAM.

Chez elle!

JOSEPH.

Non, Monsieur... Elle... elle est là qui pleure.

ROBERT DURHAM.

Marie !

JOSEPH.

Oui, chaque jour c'est un nouvel affront;
Ce matin, croiriez-vous... ils s'en repentiront !
N'osent-ils pas, malgré sa défense formelle,
Donner à deux fripons, un déjeuner chez elle.

ROBERT DURHAM.

Comment !

JOSEPH.

Ils ont même eu le front de l'inviter.
Monsieur Maurice est là qui fait tout apprêter...

ROBERT DURHAM.

Il est là !... Malheureux !... Dans ma juste colère
Je puis donc...

JOSEPH.

Arrêtez, Monsieur... Qu'allez vous faire ?
Il n'est pas temps encor de vous montrer, je crois.

ROBERT DURHAM.

Oui... c'est juste... avant tout, je le veux, je le dois,

J'ai promis à Bénard...

JOSEPH, à part.

Il nous traite en corsaires,
Ce brave capitaine.

ROBERT DURHAM.

Oh! les pères, les pères!

SCÈNE II.

ROBERT DURHAM, JOSEPH, JULIENNE.

JULIENNE.

Monsieur Joseph...

JOSEPH.

Eh bien?

JULIENNE.

Pardon, mais je craindrais
Que monsieur Forestier... Il va sortir... Après,
Monsieur pourra parler à madame Marie;
En attendant, il faut...

Elle fait signe à Robert Durham d'entrer dans le cabinet au fond.

ROBERT DURHAM.

Ah!... Cette comédie!

JOSEPH.

Mon bon, mon cher Monsieur, pour moi faites cela.
Entrez, rien qu'un moment, dans cette chambre-là.
Pour le bonheur de tous, quand le ciel vous envoie,
N'allez pas... Moi je pars de peur qu'il ne me voie...
Eh bien...

JULIENNE.

Le voici!

ROBERT DURHAM, entrant.

Soit... Je te verrai dans peu?

JOSEPH.

Je passerai ce soir à votre hôtel... Adieu.

A Julienne.

De la discrétion, surtout...

Il sort.

SCÈNE III.

MAURICE, CLÉMENT, JULIENNE.

MAURICE.

Ah!... Julienne...

Madame?

ACTE I, SCÈNE III.

JULIENNE.

Est très-souffrante.

MAURICE.

Encore...

A Clément.

Allez... qu'il vienne Sur-le-champ.

CLÉMENT.

Oui, Monsieur.

MAURICE, à Julienne.

On l'attendra.

JULIENNE.

Pardon... Mais elle ne peut pas...

MAURICE.

Tout de bon ?

JULIENNE.

Tout de bon.

MAURICE.

Soit... on s'en passera... C'est quelque enfantillage.

JULIENNE, à part.

Vilain homme !...

CLÉMENT.

Est-ce tout, Monsieur?

<small>A part, en regardant Julienne.</small>

La vieille enrage!

<small>Julienne sort.</small>

SCÈNE IV.

MAURICE, CLÉMENT.

MAURICE.

Oui... d'abord chez Chevet. De là chez Durosoir.

CLÉMENT.

Et le monsieur d'hier?

MAURICE.

Je ne veux pas le voir.

Il se trompe.

CLÉMENT.

Il soutient pourtant comme un beau diable
Que monsieur Durham...

MAURICE.

Eh!... c'est bien!

<small>A part.</small>

C'est incroyable!

Haut.

Je ne le connais pas.

CLÉMENT, à part.

C'est quelque créancier.

MAURICE.

Passez vite à l'hôtel, prévenez le portier...
Quels que soient pour entrer les motifs qu'on lui donne,
D'Erfeuil, dorénavant, n'y sera pour personne.

CLÉMENT.

Oui, Monsieur.

MAURICE, à part.

Quant à moi, si ce vieillard maudit...

Haut.

Allez... Et songez bien à tout ce que j'ai dit ;
Dans un quart d'heure ici que Durosoir se rende ;
Si George est à l'hôtel, dites-lui qu'il m'attende.

CLÉMENT.

Oui, Monsieur.

MAURICE.

Que Madame est sortie.

CLÉMENT, à part.

Elle est là...

Haut.

Oui, Monsieur...

A part.

Je commence à croire...

MAURICE.

Eh bien ?

CLÉMENT, sortant.

Voilà !

SCÈNE V.

MAURICE, seul.

C'était lui ! je ne puis en douter... cette lettre...
Grâce au ciel, je la tiens et suis encor le maître.
Ils ne se verront pas !

Il lit.

Châteauroux, le 27 août 1841.

C'est le trente aujourd'hui.

« Je suis depuis hier dans cette ville où de graves inté-
« rêts m'ont forcé de me rendre ; je voulais en repartir
« tout de suite ; mais j'ai trouvé un de mes vieux cama-
« rades que le malheur accable, et je n'ai pu lui refuser
« les consolations de mon amitié ; c'est encore un sacrifice

« de deux ou trois jours peut-être que j'ai dû m'impo-
« ser; mais bientôt je m'arracherai de ses bras pour voler
« dans les tiens... Je t'embrasse du plus profond de mon
« cœur,

« Robert Durham.
« *Capitaine-armateur, Président du tribunal de*
« *Commerce de Washington.* »

Tout est perdu, s'il parle un moment avec lui...
L'affreuse vérité, d'un mot est découverte,
Et tout ce que j'ai fait est fait en pure perte!
Non, je n'hésite plus... quoi qu'il puisse arriver,
Je suis allé trop loin pour ne point achever;
Il le faut... mais Marie... oh! devant cette femme,
Toutes les passions s'agitent dans mon âme,
Je l'aime quelquefois, quelquefois je la hais,
C'est elle qui me perd et qui me rend mauvais.
De cet abîme il faut à tout prix que je sorte...
Qu'un jour me reste... Un jour, c'est bien peu, mais n'importe,
C'est assez... Justement aujourd'hui course au bois,
Je puis gagner d'un coup tout ce que je lui dois;
Si la chance est pour moi, je puis... quelle insolence!
Elle seule pouvait arrêter ma vengeance;
Je ne résiste pas au charme de ses yeux...

Elle n'a pas daigné me voir... tant pis pour eux !

On vient, c'est lui... du calme...

SCÈNE VI.

MAURICE, GEORGE.

GEORGE.

Eh mais ! quel air tragique !
Qu'as-tu donc ?

MAURICE.

Rien... sortons... Il faut que je t'explique :
Monsieur Duval, tu sais...

GEORGE.

Fais ce que tu voudras,
D'affaires et d'argent je ne m'occupe pas ;
Monsieur mon intendant, quand il faudra conclure,
Vous présenterez l'acte à notre signature ;
C'est tout ce que je puis faire de mieux, ainsi
Marie est là... je vais...

MAURICE.

Elle n'est pas ici.

GEORGE.

Bah !... mais elle déjeune avec nous...

ACTE I, SCÈNE VI.

MAURICE.

Au contraire ;
Ce déjeuner n'a pas le bonheur de lui plaire.

GEORGE.

Pourquoi donc ?

MAURICE.

Un caprice...

GEORGE.

Au fait, elle a raison,
Son caprice me donne une utile leçon.
Tout bien examiné, je ne puis plus me taire ;
Et je veux, sans retard, avouer le mystère.

MAURICE.

Quoi ?

GEORGE.

D'abord, je ne puis qu'y gagner, et vraiment
Je suis las de mensonge et de déguisement ;
Tout cela, vois-tu bien, me gêne et m'humilie ;
Préviens-en Durosoir, j'en préviendrai Marie.

MAURICE.

Mais Durosoir...

GEORGE.

Eh bien ! avec ses soixante ans,

Il sait que la jeunesse est jeune très-longtemps ;
Il nous pardonnera.

MAURICE.

Mais c'est de la démence,
Nous signons ce matin, et cette confidence...
D'ailleurs, tu le sais bien, je te l'ai dit cent fois,
Cela ne se peut pas.

GEORGE.

Cependant...

MAURICE.

Tu conçois
Qu'il faut, en pareil cas, agir avec prudence.

GEORGE.

Je ne dis pas non... Mais...

MAURICE.

Un peu de patience...
Tes intérêts me sont aussi chers que les miens...
Durosoir nous attend.

GEORGE.

Je te suis...

A part.

Je reviens !

Ils sortent.

SCÈNE VII.

JULIENNE, puis ROBERT DURHAM.

Eh bien! il n'entre pas... Pauvre chère Marie...
Après deux mois à peine... Oh! Dieu l'a trop punie!
C'est toujours ce monsieur Forestier... Elle attend,
Et n'a pas de la nuit, fermé l'œil un instant...
Ne vaudrait-il pas mieux, tous les jours je l'espère,
Partir pour Châteauroux et rejoindre son père...
D'avance, j'en suis sûre, il nous a pardonné.
Pourvu que ce vieillard, par Joseph amené,
Puisse nous être utile... Essayons...

Elle va lui ouvrir.

Venez vite...
Il est parti... Je vais la chercher tout de suite.

ROBERT DURHAM.

Merci.

Elle sort.

Comment lui dire...

A Julienne qui rentre.

Il faut peut-être... Eh bien?

JULIENNE.

La voici... je vous laisse...

Elle sort.

SCÈNE VIII.

ROBERT DURHAM, MARIE, puis JULIENNE.

MARIE.

Ah!...

ROBERT DURHAM.

Qu'avez-vous?

MARIE.

Rien... rien!
D'un peu d'émotion je n'ai pu me défendre,
Votre âge me rappelle un souvenir si tendre;
Mais vous excuserez ce singulier accueil.
Vous venez pour...

ROBERT DURHAM.

Je viens... pour voir monsieur d'Erfeuil.

MARIE.

Comment?

ROBERT DURHAM.

A part.

Cela vaut mieux.

Haut.

Ignorant son adresse,
J'ai cru pouvoir venir chez vous...

MARIE.

Chez... sa maîtresse.

ROBERT DURHAM.

Madame...

MARIE.

Eh bien! Monsieur, vous avez eu raison,
C'est juste, on vous l'a dit, vous l'avez cru.

ROBERT DURHAM.

Pardon...

MARIE.

En vain, dans la retraite, une femme se cache,
La honte l'y poursuit, le mépris l'en arrache;
Le ciel, près de la faute, a mis le châtiment;
Je ne vous en veux pas... Je souffre seulement.

ROBERT DURHAM.

Moi, je m'en veux... Un mot vous a fait de la peine;
Mais si je vous disais le motif qui m'amène...
J'en jure sur l'honneur... Oui, Madame, je viens
Servir vos intérêts, même contre les miens!

MARIE.

Quoi! Monsieur.

ROBERT DURHAM.

Je ne puis en dire davantage...

Mais bientôt... Jusque-là, fiez-vous à mon âge ;
Soyez certaine, au moins, que mon intention...

MARIE.

Je ne l'accuse pas, je vous crois noble et bon...
Je ne sais, mais pour vous, dans le fond de mon âme,
J'ai, quand je vous ai vu...

Julienne entre.

MARIE.

Que me veut-on ?

JULIENNE.

Madame,

C'est monsieur Durosoir.

MARIE.

Durosoir !

ROBERT DURHAM.

Durosoir...

MARIE.

Vous le connaissez ?

ROBERT DURHAM.

Non.

MARIE, à Julienne.

Je ne veux pas le voir.

Julienne sort.

ACTE I, SCÈNE VIII.

ROBERT DURHAM.

Je vous gêne...

MARIE.

Restez, Monsieur, je vous en prie ;
Un agent corrupteur, chevalier d'industrie,
Intrigant effronté, sans aveu, sans honneur,
Je ne le reçois pas.

ROBERT DURHAM.

Le nom porte malheur.
Je vis, à Bordeaux, lors de mon dernier voyage,
Un Durosoir, plus fort que le vôtre, je gage.

MARIE.

C'est difficile...

Julienne rentre.

Encore !

JULIENNE.

Il veut absolument
Parler à monsieur George, ou l'attendre un moment.

MARIE.

Il veut...

A part.

Oui, c'est à moi de lui céder la place.

Haut.

Qu'il entre.

A part.

Tous les jours des affronts... Je me lasse.

A Robert Durham.

Vous permettez?

ROBERT DURHAM.

Madame...

Elle sort.

A part.

Elle a du bon... C'est lui!

SCÈNE IX.

ROBERT DURHAM, DUROSOIR, JULIENNE.

DUROSOIR, à Julienne.

Notre bel ange est donc invisible aujourd'hui?

JULIENNE.

Oui, Monsieur.

DUROSOIR.

J'espérais déjeuner avec elle.

JULIENNE.

Vous espériez fort mal.

DUROSOIR.

On n'est pas plus cruelle!

ROBERT DURHAM, à part.

Je me trompe.

Il s'assied à droite.

DUROSOIR, à Julienne.

Que veut ce personnage-ci?

JULIENNE.

Je ne sais pas.

DUROSOIR.

Son nom?

JULIENNE.

Je ne sais pas.

DUROSOIR.

Merci.

JULIENNE.

Il attend comme vous.

DUROSOIR.

Nous attendrons ensemble...

A part.

J'ai vu ça quelque part!

Il s'assied de l'autre côté. Julienne sort.

SCÈNE X.

ROBERT DURHAM, DUROSOIR.

ROBERT DURHAM, à part.

Si fait, il lui ressemble...

Il se lève, traverse le théâtre et va à Durosoir.

Monsieur, n'êtes-vous pas... Parbleu! certainement!

Monsieur Durosoir?

DUROSOIR.

Oui.

ROBERT DURHAM.

De Bordeaux?

DUROSOIR.

Justement.
Aussi, je me disais... Quoi! c'est bien vous!

ROBERT DURHAM.

Sans doute.

DUROSOIR.

Ma foi, je vous croyais au diable... ou sur la route.

ROBERT DURHAM.

Sur la route est le mot, car j'arrive... Je suis
Depuis dix jours en France, et d'hier à Paris;
Mais j'ai des compliments à vous faire, je pense,
Vous avez prospéré, mon cher, en mon absence.

DUROSOIR.

D'abord j'ai rajeuni, n'est-il pas vrai?

ROBERT DURHAM.

Beaucoup...
Vous êtes mieux portant...

ACTE I, SCÈNE X.

A part.

Mieux habillé surtout...

Haut.

Ah çà, vous avez donc déserté le commerce?

DUROSOIR.

Pas du tout! Seulement, c'est en grand que j'exerce;
La Bourse est aujourd'hui le bienheureux comptoir
Où je siége, non plus du matin jusqu'au soir,
Mais deux heures par jour... deux heures qui suffisent
Aux immenses effets que nos calculs produisent.
Vous viendrez, vous verrez... Là, chacun, tour à tour,
Perd, gagne, perd encore et regagne en un jour!
Là, sans distinction de fortunes ni d'âges,
Se heurtent : jeunes, vieux, pauvres, riches, fous, sages,
Tous y font leur partie; et les observateurs
Qui n'y font rien... y font des études de mœurs!

ROBERT DURHAM.

C'est fort beau !

DUROSOIR.

Des marchands défendez-vous la cause?
Chez eux, tout est mesquin; chez nous, tout grandiose!
Ils ont, tout bonnement, des commis, des caissiers;
Nous avons des agents de change et des banquiers!

Nous avons des clients, ils n'ont que des pratiques ;
Nous avons presque un temple, ils n'ont que des boutiques !
Ils rampent, nous régnons ! De tout ce qui se fait
Nous sommes la balance et le centre... En effet,
Le monde est un torrent dont l'Europe est la source ;
L'Europe, c'est Paris; et Paris, c'est la Bourse !
Oui, mon cher, dans le champ des spéculations
Le commerce se bat à coups de millions ;
La plus mince industrie est une découverte
Qui mène avant un mois l'inventeur...

ROBERT DURHAM.

A sa perte !

DUROSOIR.

Fi donc... Ses successeurs, je ne dis pas; mais lui,
S'il doit faillir demain, il sait vendre aujourd'hui.
Ce sont là nos secrets, qui valent bien les vôtres ;
Nous nous enrichissons...

ROBERT DURHAM.

En ruinant les autres !

DUROSOIR.

J'allais le dire.

ROBERT DURHAM.

Eh quoi ! ces moyens odieux...

Vous n'en rougissez pas?

DUROSOIR.

Mon cher, vous êtes vieux.

ROBERT DURHAM.

Vieux tant que vous voudrez... Mais si votre jeunesse
S'achète à ce prix-là, j'aime mieux ma vieillesse.
D'ailleurs, je ne suis pas bien loin de vous, je crois?
Vous avez?

DUROSOIR, à demi-voix.

Soixante ans.

ROBERT DURHAM.

J'en ai cinquante-trois.
Si mes cheveux sont blancs, je n'y vois pas d'outrage;
Je les dois au travail, bien plus encor qu'à l'âge.
Je ne suis, ni ne fus, un Caton, tant s'en faut;
Mais j'aime et fais le bien, et je le dis tout haut;
Malgré vos préjugés que mon bon sens réprouve,
J'honore la vertu partout où je la trouve.

DUROSOIR.

Et vous ne la trouvez nulle part?

ROBERT DURHAM.

Si parbleu!

J'ai voyagé beaucoup, et m'y connais un peu;
Comme vous, j'en conviens, j'ai vu souvent le vice
Faire la probité dupe à son bénéfice;
Mais plus souvent encor j'ai vu la probité
Prévaloir justement sur le vice écarté;
Moi-même, qui vous parle, et qui n'en fais pas gloire,
Je pourrais vous donner pour preuve mon histoire;
Dans de fort mauvais pas je me suis rencontré,
Et de tous, je me suis loyalement tiré;
Si pourtant je voyais un fourbe user d'adresse,
Je m'armais contre lui de sa propre finesse;
C'était de bonne guerre et j'en avais le droit;
Franc avec la franchise, avec l'adresse adroit,
Voilà ce qu'il faut être, et je le fus; en somme,
Souvent comédien, mais toujours honnête homme.

DUROSOIR.

C'est sublime!... mon cher, en raisonnant ainsi,
Vous ne réussirez jamais.

ROBERT DURHAM.

J'ai réussi!

DUROSOIR.

Se peut-il!

ROBERT DURHAM.

En dépit de ma morale austère,
J'ai fait fortune et suis trois fois millionnaire.

DUROSOIR.

Vrai !... ce cher capitaine... Ah ! j'en suis enchanté !
Cela me raccommode avec la probité !

ROBERT DURHAM.

C'est heureux !

DUROSOIR.

Cependant, dites-moi, je vous prie,
Que fait votre vertu chez la jeune Marie ?

ROBERT DURHAM.

Quoi ! vous croiriez ?

DUROSOIR.

Non pas ; par système et par goût,
Je ne crois jamais rien ; mais je soupçonne tout.

ROBERT DURHAM.

Mauvais sujet... Mais non, je ne viens pas pour elle.

DUROSOIR.

Vous faites bien... Elle est d'espèce très-rebelle ;
Un cœur ardent, mais fier, que l'amour a bronzé ;
Rien ne peut l'attendrir... Elle m'a refusé !

ROBERT DURHAM.

C'est son plus bel éloge, et je devrais m'y rendre,
Si jamais à ce cœur j'avais osé prétendre;
Mais je viens seulement pour un certain... d'Erfeuil.

DUROSOIR.

Qui de notre amazone a su fléchir l'orgueil.

ROBERT DURHAM.

Qu'en pensez-vous?

DUROSOIR.

Du bien... C'est une âme biblique,
Vierge comme les bois de sa vieille Amérique!
Vous savez...

ROBERT DURHAM.

Oui... Je sais qu'il est Américain.

DUROSOIR.

Mais, pour d'autres détails, remettons à demain...
D'Erfeuil et Forestier doivent ici se rendre,
Excusez-moi près d'eux... Je ne puis les attendre;
Mais je reviens.

ROBERT DURHAM.

Pardon... dites-moi, s'il vous plaît,
Quel intérêt chez eux vous conduit?

DUROSOIR.

L'intérêt.

ROBERT DURHAM.

Je ne vous comprends pas.

DUROSOIR.

Vous savez mon système,
Gagner vite et beaucoup... J'en use pour moi-même.
J'ai trouvé deux moyens, et m'en sers sans regrets ;
J'en aurais trouvé dix que je m'en servirais !
Le premier, c'est la Bourse... Il est fort honorable.
L'autre, aussi lucratif, est moins recommandable...
Nous autres, jeunes gens, il nous faut force écus,
Et nous en empruntons quand nous n'en avons plus ;
La chose est naturelle et de tout temps s'est faite ;
Moi, j'en ai, je ne puis en emprunter... J'en prête ;
J'en fais prêter du moins... Pour tout concilier,
Nous sommes trois : un riche, un viveur, un huissier.

ROBERT DURHAM.

Un huissier ?

DUROSOIR.

Jusqu'au bout écoutez, je vous prie...
Argent, esprit, protêt, chacun son industrie...

Quand arrive un client, le viveur... et c'est moi
Qui me suis réservé cet agréable emploi,
Mange avec lui l'argent que le riche lui prête,
Et, quand tout est mangé, l'huissier vient et l'arrête.

ROBERT DURHAM.

Je vous comprends; ainsi vos messieurs Forestier
Et d'Erfeuil...

DUROSOIR.

Oh! d'Erfeuil connait très-bien l'huissier!
Regardez... Jugement et protêt, rien n'y manque...
Ce billet-là, mon cher, vaut un billet de banque.
C'est gentil, n'est-ce pas, de savoir que l'on peut
Envoyer ses amis en prison quand on veut.
Si cependant cela doit vous rendre service,
Je vous le cède, avec deux ou trois de Maurice.

ROBERT DURHAM.

Nous verrons.

DUROSOIR.

Sans façon, ils vous conviendraient fort.

ROBERT DURHAM.

Peut-être..

DUROSOIR.

Eh bien?

ROBERT DURHAM.

Merci, plus tard.

DUROSOIR.

Vous avez tort.
Nos messieurs vont tenter quelque nouvelle affaire,
Et s'adressent à moi, leur refuge ordinaire.

OBERT DURHAM.

Vous leur prêtez encor?

DUROSOIR.

Sans doute, Forestier
D'une vieille danseuse est l'unique héritier;
L'autre m'est peu connu, mais je le crois honnête.
Leur liberté, d'ailleurs, nous répond de leur dette.
J'ai pensé seulement, puisqu'ils sont si pressés,
Devoir les condamner aux intérêts forcés.
Ergo, je leur ai dit qu'un malheur qui m'arrive
De leur rendre service en ce moment nous prive;
Mais qu'un de mes amis, riche et fort exigeant,
Veut bien, à très-haut prix, leur livrer son argent;
Grâces à ce moyen, sans en avoir la honte,
En leur faisant plaisir, j'y trouve aussi mon compte;
Mais par un contre-temps dont je suis désolé,

Notre bailleur de nom en province est allé;

On l'attend d'heure en heure à ce que l'on assure;

J'y cours, je m'en empare et reviens pour conclure;

Vous vouliez tout savoir, vous savez tout... Je pars.

<small>A part.</small>

Un homme à millions mérite des égards.

<small>Haut.</small>

Adieu, mon capitaine.

ROBERT DURHAM.

A bientôt.

DUROSOIR.

Je l'espère.

<small>A la fenêtre.</small>

Ah!... Je n'ai plus besoin de votre ministère...
Voici nos jeunes gens.

ROBERT DURHAM.

Tous les deux?

DUROSOIR.

Oui.

ROBERT DURHAM.

Pardon...

Je voudrais... Je ne puis leur dire encor mon nom...

Plus tard, vous comprendrez... Mais cela m'embarrasse;

ACTE I, SCÈNE X.

Comme un de vos amis, présentez-moi, de grâce...

DUROSOIR.

Parbleu... bien volontiers.

ROBERT DURHAM, à part.

Je vais donc le revoir !

DUROSOIR.

C'est convenu.

ROBERT DURHAM, à part.

Mon cœur bat de crainte et d'espoir.

DUROSOIR, à George et à Forestier.

Arrivez donc !

SCÈNE XI.

ROBERT DURHAM, DUROSOIR, GEORGE, MAURICE, MARIE, cachée.

ROBERT DURHAM, à part.

C'est lui, c'est lui !

MARIE, soulevant la portière.

George !

ROBERT DURHAM, à part.

Oh! que faire!

MAURICE, entrant.

Ici, déjà, tous deux.

DUROSOIR.

Oh! c'est une autre affaire;
Voici Monsieur...

MAURICE, à Robert Durham.

Monsieur... C'est trop aimable à vous,
Soyez, comme un ami, le bien venu chez nous.

A George.

Mon cher d'Erfeuil.

ROBERT DURHAM, à part.

Se taire après quinze ans d'absence!

MAURICE, à George en montrant Durham.

Voici l'ami Duval.

ROBERT DURHAM.

Duval.

DUROSOIR.

Pardon...

ROBERT DURHAM, bas à Durosoir.

Silence!

ACTE I, SCÈNE XI.

DUROSOIR, bas.

Mais...

ROBERT DURHAM, bas.

Mille écus pour vous si vous ne dites rien...
Vous comprenez...

DUROSOIR, bas.

Parbleu, c'est-à-dire très-bien !

ROBERT DURHAM, à Maurice.

Sachant que vous étiez très-pressé de conclure,
Je suis monté chez vous en sortant de voiture ;
On ne m'a pas reçu.

MAURICE.

Comment !

ROBERT DURHAM.

Mais Dieu merci,
J'ai trouvé Durosoir qui m'a conduit ici...

MAURICE.

C'est juste... Un importun dont j'ai craint la visite.
Mais, si nous déjeunions.

ROBERT DURHAM.

Volontiers.

MAURICE.

Tout de suite.

Il sort.

DUROSOIR, à Durham.

Ah çà, me direz-vous...

ROBERT DURHAM.

Plus tard... Qu'a donc d'Erfeuil?

DUROSOIR.

Rien, c'est un bon enfant, mais il est plein d'orgueil;
Les affaires d'argent pour lui sont un supplice.

ROBERT DURHAM.

Ah!... Vous me proposiez tout à l'heure un service,
J'accepte... ce billet...

DUROSOIR.

Vous voulez... Le voilà.

ROBERT DURHAM.

Six mille francs... Tenez, vite...

DUROSOIR.

C'est bien cela.

MAURICE.

A table... Venez-vous?

GEORGE, à part.

Si Marie...

MAURICE, à Durosoir et à Robert Durham.

          Il me semble
Que vous faites aussi des affaires ensemble.

DUROSOIR.

Pourquoi pas?

MAURICE.

  C'est permis.

ROBERT DURHAM, lui montrant le billet de George.

        Voyez.

MAURICE.

        Oh ciel!

ROBERT DURHAM.

          Eh bien...
C'est entre nous.

MAURICE.

  Oui... mais...

ROBERT DURHAM.

     D'Erfeuil n'en saura rien.

DUROSOIR, à part.

Si je...

ROBERT DURHAM, à Durosoir.

N'ayez donc pas cette mine attrapée!

Haut.

A table !

DUROSOIR.

Allons !

Ils sortent.

MAURICE, voyant Marie.

Marie !...

MARIE, soulevant la portière.

Oh !... comme il m'a trompée !

SCÈNE XII.

MAURICE, MARIE.

MARIE.

Monsieur Maurice... un mot... Je veux... je veux savoir
Pourquoi monsieur d'Erfeuil...

MAURICE.

Il brûle de vous voir ;
Mais ces messieurs... Bientôt... Permettez qu'il finisse,
Il sera tout à vous.

MARIE.

C'est faux, monsieur Maurice.

MAURICE.

Madame!

MARIE.

Écoutez-moi... Les femmes ont au cœur
Un infaillible instinct, surtout pour le malheur.
Je sais tout, vous cherchez en vain à le défendre.
George me trompe.

MAURICE.

Lui!

MARIE.

C'est facile à comprendre.
Si ce n'était pas vrai, pourquoi me fuir... Pourquoi
Deux fois sans me parler est-il venu chez moi?
Pourquoi... Vous le savez sans que je vous le dise,
C'est qu'il ne m'aime plus.

MAURICE.

Mais...

MARIE.

C'est qu'il me méprise.

MAURICE.

Madame...

MARIE.

Il me méprise... Et monsieur Durosoir
Me l'a bien dit hier, et c'est facile à voir !
Il vient, ou ne vient pas, comme chez sa maîtresse !
Sans même s'excuser il manque à sa promesse ;
Et déjà ses amis, sans ma permission,
Comme dans une auberge, entrent dans ma maison !
Et j'ai tort de me plaindre, et lorsque je demande
A le voir, il me fait répondre que j'attende.
Oh ! tout cela, Monsieur, vous qui le défendez,
Si ce n'est du mépris, qu'est-ce donc ? répondez !

MAURICE.

Je ne le défends pas, je le crois sans excuse...
Un homme a toujours tort quand une femme accuse ;
Mais une femme, avec son infaillible instinct,
Dans tout ce que l'on fait, voit le mal qu'elle craint.
Au surplus, si d'Erfeuil a tort, c'est son affaire ;
La vôtre est d'en douter... La mienne est de me taire.
Pourtant je vous dirai que, véritablement,
Je ne vous trouve pas raisonnable.

MARIE.

Comment !

MAURICE.

Dans la position où vous vous êtes mise,
Cette extrême rigueur est-elle bien permise?
Je ne vous parle ici que dans votre intérêt;
Croyez-moi, tôt ou tard, vous en aurez regret;
C'est peut-être un malheur, mais ce n'est pas un crime;
On peut rompre un lien qui n'est pas légitime;
Je suis sûr que d'Erfeuil est bien loin d'y penser;
Mais à s'en souvenir n'allez pas le forcer;
Ce que nous redoutons le plus, c'est l'exigence;
Et l'on ne nous retient qu'avec de l'indulgence.
Du reste, il ne faut pas ainsi vous affliger,
Quand arrive un malheur il est temps d'y songer;
Ce que ne ferait pas une femme ordinaire,
D'autres... vous par exemple, ont le droit de le faire.
Une fois qu'on a pris son parti là-dessus,
Le plaisir étourdit et l'on n'y pense plus;
Une femme aisément, quand elle est jeune et belle...

MARIE.

Assez, Monsieur, assez...

DUROSOIR, en dehors.

Maurice!

MARIE.

On vous appelle!

ROBERT DURHAM, au fond.

A part.

Que vois-je!

Haut.

Arrivez donc!

MAURICE.

Me voilà!

A Marie.

Songez-y.

Il est temps de choisir... choisissez.

Il sort.

SCÈNE XIII.

MARIE, seule.

J'ai choisi!

Elle écrit.

« Monsieur... Vous venez de me rappeler mon devoir
« en tâchant de me le faire oublier ; vous m'avez donné
« à choisir entre l'infamie et le repentir... Mon choix ne
« pouvait être douteux... Je vous défends de reparaître

« jamais devant moi... Quant à M. d'Erfeuil, je l'atten-
« drai chez mon père. »

« MARIE BÉNARD. »

Elle se lève,

C'est bien, et maintenant, grâce au ciel qui m'éclaire,
Je connais mon devoir et je m'en vais le faire;
Je vais... On vient... déjà !

Elle entre dans le cabinet au fond du théâtre à gauche.

SCÈNE XIV.

DUROSOIR, MAURICE, ROBERT DURHAM,
GEORGE.

DUROSOIR, à Maurice.

Tant pis pour vous, mon cher,
Pourquoi diantre arriver au moment du dessert?

MAURICE.

Quelqu'un me demandait.

DUROSOIR.

Bah ! la raison est bonne !
Quand je déjeune, moi, je ne connais personne.
Quelqu'un vous demandait ; eh bien, à ce quelqu'un
On dit : Mon cher Monsieur, vous n'êtes pas à jeun,

Moi, j'y suis... Attendez !

MAURICE.

Qu'importe... après la Bourse
J'en serai plus léger pour aller à la course.

DUROSOIR.

Soit... Ah çà, signons-nous ? la bourse n'attend pas ;

Il donne la plume à Maurice qui va à la table et signe.

Voilà ce qu'on appelle un aimable repas ;

L'un des Amphitryons nous fausse compagnie,

Duval avec d'Erfeuil parle géographie ;

Quant à moi, de Boston au Pérou promené,

Je me suis fort instruit... Mais j'ai mal déjeuné.

MAURICE, après avoir signé.

Aussi pourquoi d'Erfeuil n'a-t-il pas...

ROBERT DURHAM.

C'est ma faute,
Et peut-être encor plus la vôtre... mon cher hôte.

MAURICE.

A moi ?

ROBERT DURHAM.

Vous m'invitez, et vous me laissez là...
On n'a jamais traité les gens comme cela.

Durosoir m'ennuyait avec sa politique,

Pour distraire d'Erfeuil, j'ai parlé d'Amérique ;

J'y suis resté quinze ans, c'est presque mon pays,

C'est le sien... Le hasard nous a faits bon amis.

A George.

N'est-ce pas ?

Il lui serre la main.

DUROSOIR.

C'est très-bien, mon cher, mais le temps passe,

Ne recommencez pas vos voyages, de grâce ;

Il prend la plume et la donne à George.

. A votre tour.

GEORGE.

C'est juste.

Il va pour signer.

ROBERT DURHAM, à part.

Il va signer !

Haut.

Parbleu !

Puisque vous attendez des lettres, avant peu,

Vous pouvez en avoir...

GEORGE, s'arrêtant.

Comment cela ?

ROBERT DURHAM.

J'y songe...
Oui, le journal l'annonce.

DUROSOIR, l'interrompant.

Alors c'est un mensonge.

ROBERT DURHAM.

Pas du tout.

GEORGE.

Que dit-il?

ROBERT DURHAM.

Il dit que deux vaisseaux,
Le George et le Robert, sont entrés à Bordeaux.

GEORGE.

Le George et le Robert?

ROBERT DURHAM.

Demain... ce soir peut-être...
Vous pouvez, par l'un d'eux, recevoir une lettre.

MAURICE, bas, à Durosoir.

Mais arrêtez-le donc!

DUROSOIR, bas, à Robert Durham.

Vous gâtez tout...

ACTE I, SCÈNE XIV.

ROBERT DURHAM, bas, à Durosoir.

Non.

DUROSOIR, bas, à Robert Durham.

Si!

ROBERT DURHAM, à George.

Eh bien?

GEORGE, bas.

J'aurais voulu...

ROBERT DURHAM, bas.

Me parler... soit... ici... Dans une heure!

GEORGE.

Oui, Monsieur.

ROBERT DURHAM, bas.

Ne signez pas.

Haut.

Ah! diable!

MAURICE.

Qu'est-ce donc?

ROBERT DURHAM.

Moins que rien... Le mal est réparable... Cet argent...

MAURICE.

Quoi?

ROBERT DURHAM.

Chez moi je l'ai laissé!

MAURICE.

Comment?

Mais il faut qu'aujourd'hui...

ROBERT DURHAM.

Parbleu, certainement!
Je regrette beaucoup de vous le faire attendre;
Mais venez, à la Bourse, à trois heures, me prendre,
Nous monterons chez moi... Je vous le remettrai.

A George.

Vous viendrez?

GEORGE.

Oui, Monsieur.

ROBERT DURHAM, bas, à George.

Je reviens.

GEORGE, bas.

J'y serai.

ROBERT DURHAM, haut.

Ainsi, c'est convenu.

A Maurice.
Dans trois heures...

Bas, à George.
Dans une...

GEORGE, à part.

Quel espoir!

DUROSOIR, à part.
Tout cela n'est pas clair.

ROBERT DURHAM, à Maurice.
Sans rancune.

DUROSOIR, bas, à Robert Durham.

Mais...

ROBERT DURHAM.

Chut!

Robert Durham emmène Durosoir par la porte du fond, et fait signe à George de prendre l'escalier qui est dans l'angle. — George sort. — Maurice revient en scène; Clément paraît au fond, après avoir rencontré Robert Durham.

SCÈNE XV.

MAURICE, CLÉMENT.

MAURICE.

Quel contre-temps!

CLÉMENT, au fond.

Tiens! tiens!

MAURICE.

Que me veut-on?

CLÉMENT.

Pardon... c'est ce monsieur... Monsieur le connaît donc?

MAURICE.

Quel monsieur?

CLÉMENT.

Ce monsieur que j'ai mis à la porte.

MAURICE.

Vous!

CLÉMENT.

Monsieur m'avait dit d'en agir de la sorte.

MAURICE.

Quand cela?

CLÉMENT.

Mais...

MAURICE.

Voyons, parlez...

CLÉMENT.

Hier au soir. Ce monsieur qui voulait absolument vous voir.

MAURICE.

Moi?

CLÉMENT.

Non... Monsieur... Durham.

MAURICE.

Hein! celui qui me quitte?

CLÉMENT.

Oui, Monsieur... Je l'ai bien reconnu tout de suite,
Et...

MAURICE.

Ce n'est pas possible... hier... ce n'est pas lui!...
Non... il était absent... Cependant aujourd'hui
J'éprouve je ne sais quelle crainte instinctive;
Je crois voir un malheur dans tout ce qui m'arrive.
Quel serait leur dessein... Est-ce que par hasard
Ils voudraient... c'est possible... et déjà ce retard...
Oui... George est inquiet plus qu'à son ordinaire;
Au moment de signer, il tremblait de le faire;
Duval lui parlait bas... et j'ai cru dans leurs yeux
Surprendre des regards qu'ils échangeaient entre eux.
Durosoir ne dit rien... Mais jusqu'à son silence,
Tout me fait soupçonner qu'ils sont d'intelligence;

George veut m'échapper... Mais je le tiens encor !
Nous verrons, nous verrons, qui sera le plus fort !
D'un mot, je pouvais tout sur cet esprit crédule ;
Il m'eût appartenu sans crainte et sans scrupule ;
Ce moyen était sûr... et, prêt à l'employer,
Je ne sais quel remords est venu m'effrayer !
Essayons !... Ces vaisseaux arrivés d'Amérique,
Rendront bien pour un jour la nouvelle authentique.
C'est cela !... c'est cela !... Clément ?...

CLÉMENT.

Monsieur ?

MAURICE.

Je sors.
Si George vient pendant que je serai dehors,
Qu'il attende !

CLÉMENT.

Oui, Monsieur.

MAURICE.

Je reviens tout de suite.

CLÉMENT.

Oui, Monsieur.

MAURICE, à part.

Maintenant, je cours à leur poursuite.
Ah! messieurs, contre moi vous vous êtes liés;
Mais vous n'en êtes pas encore où vous croyez!

Il sort.

SCÈNE XVI.

CLÉMENT, puis MARIE.

CLÉMENT.

Nous allons bien... Autant que je puis m'y connaître,
Tous ces braves gens-là...

MARIE, sortant du cabinet.

Clément, pour votre maître.

Elle lui donne la lettre.

CLÉMENT, regardant l'adresse.

Monsieur Maurice. Il va revenir à l'instant.

MARIE.

C'est égal, portez-lui cette lettre, il l'attend!

CLÉMENT.

Il m'a dit.

MARIE.

Je vous dis qu'il attend cette lettre.

N'importe où, sur-le-champ, il faut la lui remettre...

CLÉMENT, à part.

Je l'aurais parié.

Haut.

J'y vais, Madame.

A part.

Au fait,
C'est assez naturel, entre amis ça se fait.

MARIE

Eh bien?

CLÉMENT.

J'y vais.

A part.

Elle est terriblement pressée!

Il sort.

SCÈNE XVII.

MARIE, puis JULIENNE.

MARIE.

Moi, je vais accomplir ma tâche commencée.

Elle sonne, Julienne paraît.

Juliènne...

A part.

Il le faut...

JULIENNE.

Chère enfant, qu'avez-vous? Vous pleurez...

MARIE.

Nous partons ce soir pour Châteauroux!

FIN DU PREMIER ACTE.

ACTE DEUXIÈME

Même décor.

SCÈNE PREMIÈRE.

GEORGE, MAURICE, JULIENNE.

George est assis auprès de la table, la tête appuyée sur ses mains. Maurice est derrière lui debout. Julienne sort de chez Marie.

MAURICE, à Julienne.

Chut...

JULIENNE.

Comment va-t-il ?

MAURICE.

Mieux... Mais il aurait besoin
De rester un peu seul, pour pleurer sans témoin.
Je vais sortir, à tous tu défendras l'entrée...
Que fait madame ?

JULIENNE.

Elle est... Elle n'est pas rentrée.

MAURICE.

C'est bien... Si par hasard elle arrive avant moi,

Sans voir George, dis-lui de m'attendre...

JULIENNE.

Pourquoi ?

MAURICE.

Avec précaution il faut qu'on l'avertisse,
Et je veux...

JULIENNE.

Je comprends...

MAURICE, à George.

Adieu...

GEORGE.

Tu pars, Maurice ?

MAURICE.

Oui... Cet argent... Tu sais...

GEORGE.

Oh ! ne m'en parle pas.
Je te l'ai déjà dit... Fais ce que tu voudras.

MAURICE, à part.

Bien !... Maintenant, il faut que je trouve cet homme,
Et quand j'aurai touché cette maudite somme,
Si Durosoir et lui se sont joué de moi,
Je jure qu'à tout prix...

A Julienne.

Puis-je compter sur toi ?

JULIENNE.

Comme toujours...

MAURICE.

D'Erfeuil ne recevra personne.

JULIENNE.

Je ferai pour le mieux, soyez-en sûr.

On entend sonner.

MAURICE.

On sonne...
Regarde avant d'ouvrir.

JULIENNE est allée ouvrir et rentre.

Je vais le renvoyer,
C'est un monsieur... Prenez le petit escalier.

MAURICE.

Le chemin des amis.

JULIENNE.

Par conséquent le vôtre ?

MAURICE, à part.

Pas encor !

Il sort à gauche.

ACTE II, SCÈNE I.

JULIENNE, après avoir fermé la porte sur lui.

Quelle audace !... Il était temps... C'est l'autre.

SCÈNE II.

GEORGE, ROBERT DURHAM, JULIENNE.

JULIENNE, à Robert Durham.

Venez... Mais vous avez mal choisi le moment. Il n'est guère en état de recevoir.

ROBERT DURHAM, une lettre à la main.

Comment...

Il pleure... Qu'a-t-il donc?

JULIENNE.

Son père est mort.

ROBERT DURHAM.

Son père!

JULIENNE.

Oui, Monsieur.

ROBERT DURHAM.

Ah!... c'est là ce qui le désespère?

JULIENNE.

Trouvez-vous qu'il ait tort?

ROBERT DURHAM.

Non pas, diable! non pas;
Un bon fils ne peut trop pleurer en pareil cas...
Mais la nouvelle...

JULIENNE.

Est sûre.

ROBERT DURHAM.

Et par qui l'a-t-on sue?

JULIENNE.

Par monsieur Forestier qui tantôt l'a reçue.

ROBERT DURHAM, à part.

Toujours lui!

Haut.

C'est égal, je m'en vais lui parler;
Puisqu'il a du chagrin, il faut le consoler.

JULIENNE.

Vous ne resterez pas trop longtemps; ma maîtresse
Attend là pour entrer qu'il soit seul... Je vous laisse.

Elle sort.

SCÈNE III.

GEORGE, ROBERT DURHAM.

***ROBERT DURHAM**, à part.*

Décidément j'arrive à propos.

Il va s'asseoir auprès de George

Me voici ;
Vous êtes malheureux, je viens vous voir.

GEORGE.

Merci.
Oui, je suis malheureux, allez, et bien coupable ;
Ce matin, ignorant la perte qui m'accable,
Je vous ai dit... J'en suis bien puni maintenant,
Mon père est mort, Monsieur, mort depuis plus d'un an ;
J'aurais dû le penser, mais c'était trop horrible...
Tout, excepté cela, me paraissait possible ;
Que voulez-vous, c'est mal, mais j'aimais mieux encor
Accuser son oubli que soupçonner sa mort !

***ROBERT DURHAM**, à part.*

Noble enfant !

GEORGE.

Je devrais avoir plus de courage,

N'est-ce pas ?... C'est honteux de pleurer à mon âge ;
Un homme, sans se plaindre, à tout doit résister ;
Non... le sort a des coups qu'on ne peut supporter.
Moi, j'étais calme, heureux comme quand on espère,
Et je vous attendais pour parler de mon père ;
Je vous aurais conté mes rêves de bonheur ;
J'éprouvais le besoin de vous ouvrir mon cœur ;
Une sorte d'instinct que je ne puis comprendre
M'attirait près de vous...

ROBERT DURHAM.

Pourquoi vous en défendre.

GEORGE.

Il me semblait... J'ai tort de songer à cela ;
Qu'est-ce que ça vous fait ce que je vous dis là !
Mais enfin vous veniez d'Amérique, et peut-être
Vous auriez pu là-bas, par hasard, le connaître ;
Me dire : Je l'ai vu ; me dire : Il pense à vous !
Alors je vous aurais rendu grâce à genoux ;
Je vous aurais aimé... Je vous aimais d'avance !
Oh ! pourquoi m'avez-vous donné cette espérance,
Qui fait que ma douleur est plus cruelle encor...
Laissez-moi, laissez-moi pleurer... Mon père est mort !

Moment de silence. Durham se lève.

ROBERT DURHAM.

Adieu donc!... Je craindrais que ma voix fût suspecte
En combattant des pleurs que j'estime et respecte...
Je venais pour vous voir... Vous l'aviez désiré...
Si vous le désirez encor, je reviendrai;
Je n'abuserai pas de votre patience,
Je ne vous dirai pas même ce que je pense...

GEORGE.

Quoi donc!

ROBERT DURHAM.

Avant de croire un malheur aussi grand,
On accuse d'erreur celui qui vous l'apprend;
On demande une preuve au-dessus de la vôtre;
Et, sans s'y rendre encore, on en attend une autre.

GEORGE.

Mais, Monsieur...

ROBERT DURHAM.

On se trompe aisément d'aussi loin.
Moi-même, en ce moment...

GEORGE.

Eh bien!

ROBERT DURHAM.

J'en suis témoin.

GEORGE.

Vous!

ROBERT DURHAM.

Un de mes amis, père d'un fils unique,
Pour le faire élever, l'amena d'Amérique,
Le mit dans le premier collége de Paris,
Et fut, de son côté, travailler pour ce fils...
Pendant près de dix ans de cruelle souffrance,
Le sort, sans la lasser, éprouva sa constance;
A sa ruine tout à la fois conspirait,
Ce qu'il avait gagné, la mer le dévorait;
Chaque jour l'accablant d'une perte nouvelle,
Sa fortune entraînait son crédit avec elle;
Cependant, enrichi des débris de son bien,
Son fils ignorait tout, et ne manquait de rien;
C'était le seul bonheur de ce malheureux père!...
Tout à coup, le destin cesse d'être contraire;
La chance se retourne, et voici que d'abord
Un vaisseau qu'il croyait naufragé rentre au port;
Ses magasins à sec de richesses s'emplissent;
Il n'a plus qu'à vouloir, tous ses vœux s'accomplissent;

En moins de temps encor qu'il ne les a perdus,
Ses capitaux lui sont au centuple rendus;
Il les a payés cher, mais qu'importe, il oublie,
Car son fils sera riche, et sa tâche est remplie.
Il peut partir, il part sur un de ses vaisseaux;
La semaine dernière il arrive à Bordeaux;
Je l'y trouve... à Paris, en poste, il va se rendre;
Pour embrasser son fils il ne veut rien attendre;
Jugez de sa douleur... Il apprend... C'est affreux!
Il apprend que ce fils, qu'il devait croire heureux,
Jouet d'un faux ami, qui lâchement l'abuse,
Doute de l'amitié de son père, et l'accuse;
Que, manquant des secours dont un vol l'a privé,
A ce point de détresse il en est arrivé
De souscrire, au moyen de manœuvres honteuses,
Sous un nom frauduleux, des dettes frauduleuses;
Voilà ce que produit l'absence tous les jours;
Ce que font les méchants par d'infâmes discours;
Ce jeune homme était bon, un fripon s'en rend maître,
Il le trompe, il l'exploite, il en viendra peut-être,
Qui sait, pour l'entraîner encore plus avant,
A supposer la mort de son père vivant!
Mais pardon, je m'emporte et je dois...

GEORGE.

Au contraire.
Continuez, Monsieur, continuez...

ROBERT DURHAM.

Le père
Voulait d'abord voler au secours de son fils;
Il n'en eut pas la force, il resta... Je partis.
A peine débarqué je cherchai ce jeune homme
Dans toutes les maisons de la place Vendôme.

GEORGE.

Quoi !

ROBERT DURHAM.

Mais comprenez-vous ce nouvel embarras...
Je devais l'y trouver... On ne l'y connaît pas!
Je ne sais plus que faire... Où porter cette lettre...
Il est Américain comme vous, et peut-être
Je vous aurais prié, dans tout autre moment,
De vouloir bien...

GEORGE.

Parlez.

ROBERT DURHAM.

Mais j'abuse vraiment.

ACTE II, SCÈNE III.

GEORGE.

Monsieur... Je veux savoir le nom de ce jeune homme.

ROBERT DURHAM.

Non... Vous êtes trop bon...

GEORGE.

Il se nomme?

ROBERT DURHAM.

Il se nomme George Durham.

GEORGE.

Durham!... c'est impossible!...

ROBERT DURHAM.

Eh bien! Qu'avez-vous donc, monsieur d'Erfeuil?

GEORGE, à part.

D'Erfeuil!

Haut.

Rien... rien. Si!... j'ai... je le connais; donnez-moi cette lettre; Donnez-la-moi... je puis... je veux la lui remettre!

ROBERT DURHAM.

Cela vous gênera...

GEORGE.

Non... donnez...

Il prend la lettre et voit l'écriture.

Dieu!... Grand Dieu!

Sortez! il va l'avoir, je vous le jure!

ROBERT DURHAM.

Adieu.

Il sort.

SCÈNE IV.

GEORGE, seul, ouvrant la lettre.

Je ne me trompe pas! c'est bien de lui! mon père!...
Il était à Bordeaux la semaine dernière;
Il m'écrivait... mon Dieu!... Mais alors il vit donc!
Et Maurice m'a dit... Quel horrible soupçon!
Maurice, que j'aimais... oh non... c'est faux, j'espère!
Cependant, c'est écrit... c'est écrit par mon père!...

« Rien n'est sacré pour cet homme... Il te trompe dans
« tout ce que tu as de cher, dans ton honneur, dans ta
« fortune, dans ton amour... »

Dans mon amour!... Ainsi... non, je ne puis penser...
Marie!... et cependant il voulait me forcer...
Encore ce matin, il me parlait contre elle;
Il me trouvait trop bon de lui rester fidèle.

Il me plaignait... Et moi je ne comprenais pas
Qu'en me plaignant tout haut, il m'outrageait tout bas!
Elle, de son côté, m'évite et me redoute;
C'est cela... Tous les deux, ils sont d'accord sans doute!
Oh!... de mon dévoûment si c'était là le prix!
Je n'aurais point assez de haine et de mépris;
Je n'aurais point assez de colère et d'injures,
Pour venger mon affront et punir les parjures!
Mon père, je le sens, à mon juste courroux,
Votre fils peut encore être digne de vous!

Julienne a traversé le théâtre et est allée à la porte de Marie.

SCÈNE V.

GEORGE, MAURICE, JULIENNE, MARIE.

MARIE, à Julienne.

Je ne veux pas le voir.

JULIENNE, montrant Maurice qui entre.

C'est lui.

Julienne sort.

MAURICE, à Marie.

Madame...

GEORGE, se retournant.

Ensemble!

MARIE, à part.

Quel regard!

MAURICE, à George.

Qu'as-tu donc?

MARIE.

Je vais...

GEORGE, la retenant.

Restez!

MARIE, à part.

Je tremble...

GEORGE, à Maurice.

Monsieur... Vous m'avez dit que mon père était mort...
Vous en avez menti... Mon père vit encor!

MARIE, à part.

Oh ciel!

GEORGE, à Maurice.

Vous m'avez dit qu'oubliant sa tendresse,
Sans ami, sans soutien, il laissait ma jeunesse...
Vous en avez menti!

MAURICE.

George...

GEORGE.

Vous m'entendrez!

ACTE II, SCÈNE V.

Et quand j'aurai fini, Monsieur, vous répondrez.

Vous m'avez dit que, seul, étranger sur la terre,

Je n'avais plus que vous... Et cependant mon père,

Mon noble père, pauvre alors, riche aujourd'hui,

Veillait sur son enfant et s'épuisait pour lui !...

Chaque fois qu'un vaisseau descendait vers la France,

Il m'envoyait le fruit de sa longue souffrance ;

Et cet argent, par tant de sueurs acheté,

Cet argent... c'est celui que vous m'avez prêté !

MAURICE.

Mais...

GEORGE.

Je n'ai pas fini... Vous m'avez dit encore...

Et comment soupçonner des ruses qu'on ignore ;

J'ai cru loyalement à ce que vous disiez,

A l'honneur, à l'amour, aux saintes amitiés,

J'ai cru votre pays aussi pur que le nôtre,

Et, comme en Dieu, j'ai mis ma croyance en la vôtre ;

Mais votre cœur à tous est vil et dépravé ;

Je croyais à l'honneur et n'en ai pas trouvé ;

Je croyais à l'amour, à l'amitié fidèle ;

Je serais mort pour vous, je serais mort pour elle ;

Je vous aimais tous deux, tous deux vous me trompiez !

MARIE.

Moi!

GEORGE.

C'est lâche!

MARIE.

Jamais!... je le jure à vos pieds...
Jamais!

GEORGE.

Ne cherchez plus à m'abuser, Madame.

MARIE.

Quoi! vous croyez...

GEORGE.

Je n'ai que du doute dans l'âme!
A force d'avoir cru, je ne crois plus à rien;
Je ne crois qu'à mon père... Il va venir... Eh bien,
Il ne rougira pas de son fils qu'il estime;
Je brise tous les nœuds qui m'attachaient au crime;
Ne me parlez jamais d'amitié ni d'amour;
Je ne vous connais plus; je repousse à mon tour
D'odieux souvenirs, et de perfides larmes;
Mon père vient, sortez... Sortez d'ici...

MAURICE.

Vos armes?

MARIE.

Un duel!

GEORGE.

Un duel!... Ah merci... Sur l'honneur,
C'est ce que je voulais... J'accepte, et de grand cœur!

MAURICE.

Monsieur... J'ai fait longtemps preuve de patience;
Je demande à mon tour, j'exige le silence.
Aussi bien je suis las de semblables détours,
Et ma vengeance enfin ne peut mentir toujours!

GEORGE.

Votre vengeance...

MAURICE.

A vous, s'il vous plaît, de m'entendre.
Vous m'avez fait du mal... j'ai voulu vous en rendre;
Voilà tout... Le hasard vous mit sur mon chemin;
Je ne sais pas pourquoi, je vous tendis la main;
Votre main répondit à l'offre de la mienne,
Et nous fûmes amis, autant qu'il m'en souvienne;
N'est-ce pas... Tout se fit loyalement alors.
Mais depuis... je conviens que j'eus les premiers torts.
L'amitié, cependant, me rendait excusable,
Je n'étais que léger, vous m'avez fait coupable.

GEORGE.

Comment?

MAURICE.

Vous saurez tout... Voici deux ans, je crois,
Vous étiez, de Paris, absent depuis un mois ;
Une lettre arriva pour vous... En conscience,
Vous eussiez fait pour moi de même en mon absence...
Je l'ouvris.

GEORGE.

Elle était de mon père!

MAURICE.

Dedans
Je trouvai deux billets de quatre mille francs ;
Tous deux étaient échus, fallait-il vous attendre ?
Je vis, ou je crus voir un service à vous rendre ;
Je les touchai... Tenté par le fruit défendu,
Le lendemain, j'avais tout joué, tout perdu...
Vous revîntes... Manquant de fonds, je dus me taire.
D'autres lettres depuis accusaient la première,
Je les retins encore.

GEORGE.

Oh Dieu!

ACTE II, SCÈNE V.

MAURICE.

Pour reculer
J'étais allé trop loin et dus toujours aller;
Votre nom me gênait, je vous en fis un autre.

MARIE, à part.

Qu'entends-je?

MAURICE.

Je reçus vos lettres sous le vôtre;
Je touchai votre argent dont vous aviez besoin;
Je vous l'offris, mais non, vous n'en voulûtes point;
Votre orgueil se serait offensé de le prendre...
Je vous le prêtai donc... n'osant pas vous le rendre.
Voilà, voilà mes torts.

GEORGE.

Malheureux!

MAURICE.

En effet!
Et maintenant, voici ce que vous m'avez fait:
Jeune, riche... du moins ayant l'espoir de l'être,
J'aimais le plaisir, plus qu'il n'eût fallu peut-être;
Ma tante alors voulut m'avoir à Châteauroux;
J'ignorais dans quel but... et partis avec vous!

Bientôt elle m'apprit l'objet de ce voyage,

Il était question pour moi... d'un mariage...

MARIE.

Monsieur !

GEORGE.

Je l'ignorais !

MAURICE.

Cela m'est bien égal !...

Exprès ou non, tous deux vous m'avez fait du mal ;

Vous avez tous les deux trompé ma confiance ;

Vous avez contre moi, chez moi, fait alliance ;

Vous vous êtes aimés... et moi, trahi par vous,

Je n'ai pas même pu vous dire : battons-nous !

L'honneur... un faux honneur m'a retenu... ma dette

Enchaînait ma vengeance, et la rendait muette.

De ma tante, à genoux, j'implorai le secours ;

Elle ne me crut pas... A d'autres j'eus recours...

Des gens qui, sans pudeur, avaient vidé ma bourse,

Lorsque j'eus besoin d'eux furent tous sans ressource ;

Et, repoussé par tous, je dus me condamner

A me taire, à souffrir... mais non à pardonner !

Dès lors, ce que j'avais fait par faiblesse humaine,

Je le fis par calcul, par vengeance, par haine...

De votre père absent, vous ignoriez le sort,
J'accusai son silence, et supposai sa mort;
A votre hymen fatal pour le faire souscrire,
Vingt fois, dans vingt pays, vous lui crûtes écrire...

GEORGE.

Eh bien?

MAURICE.

Mais votre espoir, par mes soins, fut déçu.
Vos lettres, dans mes mains, restaient à votre insu.

GEORGE.

Oh!

MAURICE.

C'est mal, n'est-ce pas? et condamné d'avance,
Personne, je le sais, ne prendra ma défense.

GEORGE.

Je crois bien!

MAURICE.

Permettez, Monsieur... encore un mot.
Dans votre probité ne vous drapez pas trop.
A ma place, peut-être eussiez-vous fait de même.
Au fait, vous m'avez pris une femme que j'aime...
Oui, je l'aime!... et par vous blessé dans mon amour,

J'ai voulu... j'ai voulu vous la prendre à mon tour...

J'ai voulu vous payer offense pour offense;

Et maintenant, je veux ma dernière vengeance !

GEORGE.

Vous l'aurez !

MARIE.

C'est la mort !

GEORGE, la repoussant.

Qu'est-ce que ça vous fait ?

MARIE.

Oh ! malheureuse !

MAURICE.

Eh bien ?

GEORGE.

Vous serez satisfait.

MAURICE.

Quand ?

GEORGE.

Dans une heure.

MAURICE.

Soit.

GEORGE.

Rendez-vous à Vincennes.

MAURICE.

Au Soleil d'Or.

GEORGE.

J'aurai mes armes.

MAURICE.

Moi, les miennes.

GEORGE.

Des témoins ?

MAURICE.

Je m'en vais en chercher de ce pas... Je vous attendrai.

GEORGE.

Non... tu ne m'attendras pas !

<small>Maurice sort. — George veut sortir, Marie l'arrête.</small>

SCÈNE VI.

GEORGE, MARIE.

MARIE.

Arrêtez !

GEORGE.

Laissez-moi.

MARIE.

Votre mépris m'accable;
Mais, je le jure encor... je ne suis pas coupable!

GEORGE.

Sortez!

MARIE.

Quand une femme a le cœur assez bas
Pour tromper... on la tue... on ne l'outrage pas!
Moi, je suis innocente... et, sans m'avoir jugée,
Sur un soupçon, c'est mal, vous m'avez outragée;
C'est bien mal... Si, du moins, vous aviez hésité;
Si vous aviez... non pas combattu... mais douté...

GEORGE.

Douté!

Clément entre, avec la lettre de Marie à la main.

SCÈNE VII.

GEORGE, MARIE, CLÉMENT.

CLÉMENT.

Madame...

GEORGE.

Eh bien! que voulez-vous?

ACTE II, SCÈNE VII.

CLÉMENT, à part, en tâchant de cacher la lettre.

Ah! diable.

GEORGE.

Cette lettre...

Il la prend et lit.

A monsieur Forestier... misérable!
Ah! je doutais encor qu'elle m'ait pu trahir!...
J'en veux douter toujours...

Il jette la lettre.

Adieu, je vais mourir!

Il sort.

MARIE, courant après lui.

Lisez-la, lisez-la!

Il ferme la porte; Marie tombe presque évanouie.

CLÉMENT, à part.

De mieux en mieux.

Il sort.

SCÈNE VIII.

MARIE, ROBERT DURHAM.

ROBERT DURHAM.

Marie!

Qu'est-ce donc?

MARIE.

Ah! courez, courez, je vous en prie. George...

ROBERT DURHAM.

Eh bien?

MARIE.

Il se bat... S'il se bat, il est mort!

ROBERT DURHAM.

Dieu!... mais il ne faut pas désespérer encor...
C'est... un duel... il peut avec bonheur combattre.

MARIE.

C'est un assassinat... il ne sait pas se battre!

ROBERT DURHAM.

Qu'entends-je? il faut alors... je... mais assurément
Son adversaire ignore.

MARIE.

Au contraire.

ROBERT DURHAM.

Comment!

MARIE.

Vous ne savez donc pas...

ROBERT DURHAM.

C'est Maurice, peut-être?

MARIE.

Sans doute.

ROBERT DURHAM.

Ah! je comprends... oui, c'est moi... cette lettre...

MARIE.

Vous!

A part.

C'est vrai!

ROBERT DURHAM.

Mais je veux... et je cours de ce pas. Dites-moi...

MARIE.

Je vous dis... que je ne vous crois pas!

ROBERT DURHAM.

Quoi!

MARIE.

Vous m'avez trompée et me trompez encore.

ROBERT DURHAM.

Vous saurez tout... Le lieu? l'heure?

MARIE.

Je les ignore.

D'ailleurs, je ne veux pas de votre appui fatal.
Je vous connais, allez...

ROBERT DURHAM.

Moi!

MARIE.

Vous... monsieur Duval!

ROBERT DURHAM.

Dieu!

MARIE.

Vous voyez... ce nom suffit à vous confondre.

ROBERT DURHAM.

Madame... d'un seul mot je pourrais vous répondre.

MARIE.

Faites-le donc!

RORERT DURHAM.

Eh bien... j'en jure sur l'honneur,
Je ne venais ici que pour votre bonheur;
Un hasard imprévu, qui m'accuse peut-être,
Sous un nom supposé m'a forcé de paraître;
Je ne suis pas Duval.

MARIE.

La preuve!

ACTE II, SCÈNE VIII.

ROBERT DURHAM.

Je venais,
Chargé de vous offrir des paroles de paix,
De la part de quelqu'un à qui vous êtes chère,
Que vous aimez...

MARIE.

Monsieur...

ROBERT DURHAM.

A Châteauroux.

MARIE.

Mon père!

ROBERT DURHAM.

Oui, Bénard, mon ami, votre père... en son nom
A votre repentir j'apporte le pardon.

MARIE, tombant à ses genoux.

Oh! Monsieur!

ROBERT DURHAM.

Maintenant permettrez-vous qu'il meure.

MARIE.

George!... ah! courez.

ROBERT DURHAM.

Où?... quand?

MARIE.

Vincennes, dans une heure,
Au Soleil d'Or !

ROBERT DURHAM.

Bien... vous, courez chez lui...

MARIE.

Pourquoi ?

ROBERT DURHAM.

Allez, priez, pleurez... et retenez-le.

MARIE.

Moi !
Il m'accuse, il me hait.

ROBERT DURHAM.

Comment ?

MARIE.

Il me méprise.

Elle ramasse la lettre que George a jetée.

Cette lettre fatale entre ses mains remise...
Il a cru que Maurice et moi... C'est faux !... Voyez,
Je le chassais !

ROBERT DURHAM.

Que faire alors... Ah ! ces papiers !...

Il tire de sa poche les titres que Durosoir lui a cédés.

ACTE II, SCÈNE VIII.

MARIE.

Quoi donc...

ROBERT DURHAM.

Il est sauvé.

MARIE.

Sauvé !

ROBERT DURHAM.

Je vous le jure.

Il sonne, Julienne paraît.

Appelez Durosoir... vite... dans ma voiture, Qu'il monte !...

Il écrit.

Ces deux mots... bien... cette lettre aussi.

MARIE.

Ma lettre.

ROBERT DURHAM.

Durosoir monte-t-il ?

MARIE.

Le voici.

SCÈNE IX.

ROBERT DURHAM, MARIE, DUROSOIR.

DUROSOIR.

C'est trop aimable!... en bas je pouvais vous attendre...
Et...

ROBERT DURHAM.

Pardon, vous avez un service à me rendre;
Reprenez ma voiture et partez à l'instant;
Ces titres, ce billet, vous mettront au courant.

DUROSOIR.

Mais au moins...

ROBERT DURHAM.

Tout est là.

DUROSOIR, regardant la lettre.

Que vois-je!... ce jeune homme...

ROBERT DURHAM.

Vous m'en répondez?

DUROSOIR.

Oui.

Il sort en criant :

Cocher, place Vendôme!

SCÈNE X.

ROBERT DURHAM, MARIE.

ROBERT DURHAM.

A mon tour maintenant.

MARIE.

Que ferez-vous?

ROBERT DURHAM.

Je veux,
S'ils vont au rendez-vous, m'y trouver avant eux.

MARIE.

Et vous le sauverez?

ROBERT DURHAM.

N'en soyez point en peine.
Je cours, je les sépare, et je vous le ramène!
Adieu... Sur vous aussi je veillerai de loin.
Attendez-moi, Messieurs, il vous manque un témoin!

FIN DU DEUXIÈME ACTE.

ACTE TROISIÈME

A Vincennes. La scène représente une salle d'auberge. Porte à droite. Grande fenêtre à gauche donnant sur la route. Porte au fond. Une horloge suspendue au mur.

SCÈNE PREMIÈRE.

URSULE, seule, à la porte de la chambre à droite.

Dès qu'ils arriveront, je viendrai vous le dire,
Oui, Monsieur... Vous avez ce qu'il faut pour écrire :
Des plumes, du papier, de l'encre, et cætera;
S'il manque quelque chose, on vous l'apportera.
Ce sont bien trois messieurs que vous voulez?

UNE VOIX, dans la chambre.

Sans doute.

URSULE.

Il suffit... Je m'en vais les guetter sur la route.

A part.

Je ne comprends pas bien ce qui peut l'amener.
Un duel?... ce n'est pas l'heure du déjeuner.
Un rendez-vous d'amour?... c'est d'autant moins probable
Qu'il attend trois messieurs... chose très-respectable!

Décidément, c'est quelque affaire d'intérêt.
Qui va même assez mal, à ce qu'il me paraît.
Car la gaîté n'est pas peinte sur sa figure.
Ah ! justement, voici là-bas une voiture ;
Du côté de Paris, elle vient au grand trot ;
Bien... une autre la suit... et la passe au galop.
Ce sont nos messieurs... non... l'affaire se complique,
Une dame... voilà de la bonne pratique !
Et moi qui me plaignais d'être seule aujourd'hui.
Elle descend... allons la recevoir.

SCÈNE II.

MARIE, URSULE.

MARIE, entrant.

C'est lui !
Je l'ai bien reconnu.

URSULE.

Madame...

A part.

Que fait-elle ?
Elle ne m'entend pas.

MARIE, à part.

Il faut...

Haut.

Mademoiselle.
Pardon... Mais... vous avez beaucoup de monde ici?
Des jeunes gens?

URSULE.

Pas un!

MARIE, à part.

J'arrive à temps...

Haut.

Merci.
Dites-moi, voulez-vous me rendre un grand service?

URSULE.

Oui, Madame.

MARIE.

Un monsieur... il s'appelle Maurice;
Sa voiture suivait la mienne... Je voudrais
Lui parler à l'instant... Prévenez-le.

URSULE.

J'y vais.

Elle sort.

SCÈNE III.

MARIE, seule.

Il va monter... je sens défaillir mon courage.
Oh! mon Dieu! je croyais en avoir davantage.
Que faire... que lui dire... et par où commencer?
Mais George est en péril, et je puis balancer!
Non... qu'il vienne... l'amour m'inspirera sans doute,
Et le prierai tant, qu'il faudra qu'il m'écoute.

SCÈNE IV.

MARIE, MAURICE, URSULE.

URSULE, à Maurice.

Par ici.

MAURICE.

Bien.

Ursule sort.

MARIE, à part.

C'est lui.

Haut.

Monsieur...

MAURICE.

Que voulez-vous?

MARIE.

Je veux... je veux sa grâce et l'implore à genoux.

MAURICE.

Madame...

MARIE.

Écoutez-moi, Monsieur, je vous en prie ;
Chaque instant qui s'écoule est perdu pour sa vie ;
Vous allez le tuer... s'il vous voit, il est mort !
Non, vous ne voudrez pas, vous dont le bras est fort,
Qu'un jeune homme... un enfant, meure votre victime.
Par pitié laissez-moi vous épargner un crime.
D'ailleurs, songez-y donc, c'est votre ami.

MAURICE.

Lui !

MARIE.

Non...

Vous l'avez trop longtemps appelé de ce nom,
Pour vouloir de sang-froid commettre un meurtre horrible !
Le tuer !... mais vraiment cela n'est pas possible.
Grâce, grâce pour lui, pour moi, pour vous... hélas !
Vous détournez les yeux et ne répondez pas !
Que faut-il donc vous dire... ah ! c'est cela, peut-être,

ACTE III, SCÈNE IV.

N'est-ce pas... Vous l'aimiez avant de me connaître;
Sans moi, sans mon amour, vous l'aimeriez encor;
J'ai causé votre haine et vais causer sa mort!
Oui, je l'ai deviné... c'est cela... j'en suis sûre.
Eh bien, je partirai, Monsieur, je vous le jure;
Sauvez-le... je promets de ne plus le revoir;
Je partirai demain... je partirai ce soir!
Eh quoi! vous êtes sourd encore à ma prière!
Juste ciel! faites donc ce que je n'ai pu faire.
Quand une femme prie, on doit la respecter;
Et vous ne daignez pas seulement m'écouter.
Mais Dieu garde le faible, et ne veut pas qu'il meure.
George ne viendra pas... tenez, regardez l'heure...
Elle est passée... enfin... Merci, mon Dieu, merci.
Vous ne permettrez pas qu'il vienne!

MAURICE, à la croisée.

Le voici!

MARIE.

Où donc?

MAURICE.

Là-bas, là-bas!

MARIE.

Ce n'est pas lui!

MAURICE.

Madame,
Vous avez terminé votre rôle de femme;
Vous avez bien pleuré, bien prié; désormais
C'est à l'homme d'agir, on m'attend, et j'y vais.

MARIE.

Vous n'irez pas!

MAURICE.

Madame...

MARIE.

Écoutez-moi, de grâce;
Voyons, pour vous fléchir que faut-il que je fasse?
Voulez-vous que je parte ou que je meure?

MAURICE.

Eh bien,
Vous pouvez le sauver.

MARIE.

Comment, par quel moyen?

MAURICE.

Vous l'avez dit; c'est vous, c'est votre amour fatale
Qui m'a mis dans le cœur cette haine rivale;
Je suis jaloux de vous, je suis jaloux de lui;

ACTE III, SCÈNE IV.

Et je veux de tous deux me venger aujourd'hui !

MARIE.

Vous m'effrayez...

MAURICE.

Il vient, regardez... il avance,
Et chaque pas qu'il fait le livre à ma vengeance ;
Vous avez tout au plus deux minutes encor ;
Son cheval au galop l'entraîne vers la mort !

MARIE.

Que faut-il que je fasse ?

MAURICE.

Il faut... qu'à l'instant même
Vous consentiez à suivre un homme qui vous aime.
Il faut, quand il viendra, qu'on puisse l'avertir,
Qu'avec moi, pour toujours, vous venez de partir.
Sa vie est en vos mains, décidez-vous ; peut-être
Bientôt de l'épargner je ne serai plus maître...
La voiture s'arrête...

MARIE.

Oh ciel !

MAURICE.

Vous hésitez ?...

MARIE.

Non!

MAURICE.

Eh bien?

MARIE.

Je refuse!

MAURICE.

Adieu donc!

SCÈNE V.

MAURICE, MARIE, ROBERT DURHAM.

ROBERT DURHAM, sortant de la chambre à droite, un pistolet à la main.

Arrêtez!

MARIE, se jetant dans ses bras.

Ah!

MAURICE.

Vous, ici!

ROBERT DURHAM.

J'y suis... c'est une noble tâche,
Pour défendre une femme et pour punir un lâche!

MAURICE.

Un lâche!... Savez-vous, malgré vos cheveux blancs,

ACTE III, SCÈNE V.

Que je ne vous veux pas supporter plus longtemps!
Savez-vous que le lâche est homme à se défendre?
Et puisque vous étiez caché là pour m'entendre,
Vous ne l'ignoriez pas en venant m'outrager,
Je n'ai qu'un seul désir... celui de me venger!
Je ne fais plus un pas sans rencontrer en face
Quelqu'un qui me haïsse ou bien qui me menace;
Vous vous donnez le mot pour m'injurier tous;
C'était lui ce matin, elle ensuite, enfin vous!
Vous, Monsieur!... qui m'allez rendre un compte sévère,
Qui vous êtes chez moi glissé comme un faux frère,
Qui, dans quelque intérêt qu'en vain je cherche encor,
Pour me perdre plus tard m'avez servi d'abord!
Sans avoir contre moi défendu votre vie,
Vous ne sortirez pas.

ROBERT DURHAM.

Je n'en ai pas envie.

MAURICE.

Pour vous le rappeler je reviens de ce pas.

ROBERT DURHAM.

Non, non, à votre tour vous ne sortirez pas!

MAURICE.

Mais, Monsieur!

ROBERT DURHAM.

Mais, Monsieur, je ne veux rien entendre,
Et je ne suis pas fait, je crois, pour vous attendre.
Vous voulez avec moi vous battre... Battons-nous ;
Mais sur-le-champ... Je suis aussi pressé que vous !

MAURICE.

Un rendez-vous d'honneur à l'instant me réclame.

ROBERT DURHAM.

Pourquoi vouliez-vous donc partir avec Madame ?
— Ce rendez-vous d'honneur, que vous respectez tant,
Sans son noble refus vous y manquiez pourtant.
Trêve, trêve, Monsieur, de prétextes frivoles ;
Je ne me laisse pas duper par des paroles ;
Je vous méprise autant que vous me haïssez,
Battons-nous donc.

MAURICE.

Eh bien, puisque vous m'y forcez,
Puisque vous prétendez me faire violence,
Je ne veux plus, Monsieur, d'un combat qui m'offense.
Au fait, je perds mon temps, je ne sais pas pourquoi ;
Je ne vous connais pas...

ROBERT DURHAM.

Je vous connais bien, moi !

Vous avez juste assez de courage dans l'âme
Pour tuer un enfant et braver une femme !
D'un combat incertain vous craignez le hasard ;
Mais n'ayez donc pas peur, je suis presque un vieillard.
Comment ! votre prudence encore se consulte...
Vous n'entendez donc pas que c'est vous que j'insulte.

MAURICE.

Si fait... Mais écoutez... On monte... Le voici !

ROBERT DURHAM, poussant le verrou de la porte du fond.

Sans ma permission personne n'entre ici.

MAURICE.

Il me cherche... et j'y cours.

ROBERT DURHAM.

    Je vous tiens et vous garde.

MAURICE.

Monsieur !

ROBERT DURHAM.

Vous n'irez pas.

MAURICE.

  J'irai.

ROBERT DURHAM.

    Prenez-y garde.

Je sens que la fureur égare ma raison...
Si vous faites un pas... je vous tue.

SCÈNE VI.

MAURICE, MARIE, ROBERT DURHAM, DUROSOIR.

DUROSOIR, en dehors.

Ouvrez donc !

MARIE.

Grand Dieu !

MAURICE.

Ce n'est pas lui !

ROBERT DURHAM, ouvrant la porte.

C'est Durosoir !

DUROSOIR.

Que diable !
Vous faites là, mon cher, un vacarme effroyable.

ROBERT DURHAM.

Eh bien, vous l'avez vu ?

DUROSOIR.

Parbleu ! sans contredit.

MARIE.

Il ne viendra pas ?

ACTE III, SCÈNE VI.

DUROSOIR.

Non.

MAURICE.

Que dites-vous?

ROBERT DURHAM.

Il dit...
Il dit que vous croyez, jeunes gens que vous êtes,
Pouvoir risquer vos jours au mépris de vos dettes,
Sans vous inquiéter s'il nous convient à nous
D'aventurer nos fonds hypothéqués sur vous !
Certes l'idée est neuve, et ce serait commode
De faire ainsi gratis les hommes à la mode,
De vivre insolemment aux frais d'un créancier,
Et de mourir après, sans bourse délier.
Non, vrai Dieu, j'ai donné mon argent, je demande
Que monsieur d'Erfeuil vive, ou bien qu'il me le rende ;
Sa vie est mon garant, nul ne peut me l'ôter.
Voilà pourquoi je viens de le faire arrêter.

MAURICE.

Arrêter...

ROBERT DURHAM.

Oui, Monsieur, c'est mon droit, et j'en use.

MAURICE.

Dites que vous avez, par une infâme ruse,
Pris, dans nos propres mains, des armes contre nous.
Ah! je comprends enfin.

DUROSOIR.

Allons, rassurez-vous.
On a traité d'Erfeuil comme un brave jeune homme;
Il n'est pas en prison.

ROBERT DURHAM.

Quoi?

DUROSOIR.

Non...

Bas, à Robert Durham.

Mais c'est tout comme.
Une formalité manquait; faute de mieux,
J'ai dû pour l'arrêter faire le généreux.

Haut.

Il nous attend chez lui... J'ai reçu sa parole.

MAURICE.

Vous... c'est vous que l'on a chargé d'un pareil rôle!

DUROSOIR.

Pourquoi pas?

ACTE III, SCÈNE VI.

MAURICE.

En effet, je vous reconnais bien.
Pourvu qu'on aille au but, n'importe le moyen;
N'est-il pas vrai... je sais quel système est le vôtre,
Servir le plus offrant, trahir l'un, vendre l'autre!

DUROSOIR.

Eh bien... est-ce qu'on doit se fâcher pour cela?
Chacun fait son métier, j'ai fait le mien... voilà!

MAURICE, à Robert Durham.

Il suffit... Quant à vous, Monsieur, c'est autre chose;
De tout ce qui s'est fait, vous êtes seul la cause;
Je ne vous tiens pas quitte, et vous paîrez pour tous.

ROBERT DURHAM.

Bien volontiers.

DUROSOIR.

Plaît-il?

MAURICE, à Robert Durham.

Venez.

ROBERT DURHAM.

Je suis à vous.

DUROSOIR.

Minute, s'il vous plaît, ce n'est pas mon affaire.

ROBERT DURHAM.

Vous serez mon témoin.

DUROSOIR.

Non vraiment... au contraire.

ROBERT DURHAM.

Qu'importe !... des témoins, j'en ai d'autres en bas.

DUROSOIR.

Oui, mais...

MAURICE.

Eh bien !

DUROSOIR.

Eh bien, vous ne vous battrez pas !

MAURICE.

Comment.

DUROSOIR.

J'en suis fâché, mais cela m'intéresse.

MAURICE.

Vous mériteriez bien...

DUROSOIR.

Payez-moi, je vous laisse. Quand j'aurai tout reçu, capital, intérêts,

Vous vous ferez tuer, si vous voulez, après.
Mais jusque-là...

ROBERT DURHAM.

Calmez la peur qui vous effraie ;
Je vous réponds de tout, et s'il meurt, je vous paie.

DUROSOIR.

J'accepte... Je ne puis que gagner à sa mort !

ROBERT DURHAM.

Rien ne vous retient plus?

DUROSOIR.

Si fait.

ROBERT DURHAM.

Quoi donc encor?

DUROSOIR.

Eh bien, non... non... La loi, cependant, est formelle ;
Mais six mois de prison, c'est une bagatelle.
D'ailleurs je vous connais, et m'en rapporte à vous ;
Je suis votre témoin.

A part.

On les acquitte tous !

ROBERT DURHAM, à Maurice.

Suivez-moi.

MARIE, à Robert Durham

Vous partez !

ROBERT DURHAM.

Je reviendrai, Marie.

MARIE.

J'ai peur... emmenez-moi, Monsieur, je vous en prie.

ROBERT DURHAM.

Je ne puis...

MARIE.

Ce combat n'est pas égal, mon Dieu! Son bras est jeune et fort.

ROBERT DURHAM.

Ma cause est juste... Adieu !

MAURICE, l'arrêtant à la porte.

Songez-y bien, Monsieur, avant que de descendre... Ni de vous, ni de lui, je ne veux rien entendre. C'est un duel à mort !

ROBERT DURHAM.

Ah! je vous en réponds. Je me nomme Robert Durham.

MAURICE.

Vous !

ROBERT DURHAM.

Moi!... Sortons!

Ils sortent.

SCÈNE VII.

MARIE, seule.

Que va-t-il arriver... oh! mon Dieu! tout à l'heure,
Ils l'ont dit... il faudra que l'un ou l'autre meure;
Et c'est pour moi, pour moi, que ce noble vieillard...
Que faire, hélas! courir... j'arriverai trop tard.
Mon Dieu! permettrez-vous que l'innocent périsse!
Non... vous accomplirez votre œuvre de justice...
Ce sera sauver George une seconde fois,
Si tous les deux...

SCÈNE VIII.

MARIE, GEORGE.

GEORGE, en dehors.

C'est bien.

MARIE.

Qu'entends-je?... cette voix...
Cela ne se peut pas... oh! non... George!

GEORGE.

Marie !

MARIE.

Vous ici... vous, Monsieur...

GEORGE.

Oh! tais-toi, je t'en prie !
J'avais tort, je le sais... Mais dis, par quel hasard...
Ou plutôt... je devine, oui, c'est bien de ta part...
Une femme est toujours compatissante et bonne ;
On a beau l'offenser, toujours elle pardonne ;
Tu connaissais le lieu, l'heure du rendez-vous ;
Tu n'as rien oublié...

MARIE.

Ce n'est pas comme vous !
Je n'ai rien oublié, c'est vrai, le lieu ni l'heure,
Et pour vous pardonner, je venais tout à l'heure.
Mais j'ai trouvé quelqu'un...

GEORGE.

Qui ?

MARIE.

Quelqu'un qui pensait
Que pour vous retenir l'honneur seul suffisait.

ACTE III, SCÈNE VIII.

GEORGE.

Durosoir !

MARIE.

Songez-vous au serment qui vous lie ?
Vous en avez fait un.

GEORGE.

J'en ait fait deux, Marie !
En manquant au premier, je me déshonorais ;
Me voilà... Si je vis, je tiendrai l'autre après !

MARIE.

Mais si...

GEORGE.

Quand l'honneur parle, il faut qu'on obéisse.
Je ne veux pas de moi que mon père rougisse.
Je ne veux pas surtout mériter mon mépris
Et le tien... en sauvant mes jours à pareil prix.
Adieu donc !

MARIE.

Ah ! restez... Ils vont ici se rendre...
Auprès de moi, du moins, vous pouvez les attendre.

GEORGE.

Je crois bien... Je les veux attendre à tes genoux.

Quand ce moment, peut-être, est le dernier de tous,
Je te quitterais... non... à cette heure suprême,
Mon cœur bat, mais d'amour... Oui, Marie, oui je t'aime.

MARIE, à part.

Rien encor.

GEORGE.

N'est-ce pas, mes torts sont oubliés;
Tu ne t'en souviens plus.

On entend deux coups de feu.

MARIE.

Ah!

GEORGE, se relevant.

Dieu!... vous me trompiez!
Vous me trompiez, Marie...

MARIE.

Écoutez-moi, de grâce...

GEORGE.

Mais il faut donc qu'un autre... Un autre a pris ma place!
Tandis que j'oubliais un rendez-vous sacré,
Ils sont venus... et moi je suis déshonoré.
Ils ont dit, ils ont cru que je n'étais qu'un lâche,
Un faible enfant qui craint la mort et qui se cache;
Sans doute alors l'un d'eux, voyant qu'ils m'insultaient,

Au péril de ses jours leur a dit qu'ils mentaient;
C'est cela, j'en suis sûr... Et peut-être, à cette heure,
Dieu permet que celui qui m'a défendu meure!
Ah! je cours... Du combat je veux avoir ma part,
S'il en est temps encor... Je veux...

SCÈNE IX.

MARIE, GEORGE, ROBERT DURHAM, DUROSOIR.

ROBERT DURHAM.

      Il est trop tard!

GEORGE.

Ah!

MARIE.

Enfin!

GEORGE.

   Vous ici!... Monsieur, j'ai tort peut-être;
Mais de me contenir je ne suis plus le maître.
Sans vous voir devant moi je ne fais plus un pas...
Que me voulez-vous donc?... Je ne vous connais pas!
Vous êtes, dites-vous, un ami de mon père,
Et cette qualité fait que je vous révère...
Cependant on me trompe... Et, malgré mon respect,

Je crois que je commence à vous trouver suspect:
Haine, amour, intérêt... contre moi tout conspire;
Mais vous, vous n'avez pas de raison pour me nuire,
Et je voudrais savoir quel rôle vous jouez.

ROBERT DURHAM.

Je m'en vais vous l'apprendre.

GEORGE.

Ainsi vous l'avouez?

ROBERT DURHAM.

Oui.

GEORGE.

Quelqu'un s'est battu pour moi, c'est vous?

ROBERT DURHAM.

Peut-être.

GEORGE.

Tout à l'heure en prison l'on a voulu me mettre,
C'est vous?

ROBERT DURHAM.

Oüi.

GEORGE.

De quel droit?

ROBERT DURHAM.

Du droit... d'un créancier,

ACTE III, SCÈNE IX.

Qui par son débiteur veut se faire payer.
Et, si cette raison ne peut pas vous suffire,
J'en ai d'autres encor que je m'en vais vous dire :
Monsieur George d'Erfeuil... Quand je suis arrivé,
J'ai vu qu'on vous perdait, et je vous ai sauvé !
Par le crime entraîné, vous alliez droit au crime ;
Je vous ai retenu sur le bord de l'abîme !
Vous aviez compromis votre honneur endetté ;
Pour sauver votre honneur, je vous ai racheté !
De vous faire tuer il vous prenait envie ;
Je vous ai remplacé pour vous sauver la vie !
Vous osez, maintenant, interroger celui
Qui, pour votre bonheur, a tant fait aujourd'hui.
De ses soins généreux vous lui demandez compte !
Ah ! quand il vous sauva de la mort, de la honte,
Aucune voix pour lui ne vous parle tout bas ;
Vous n'avez pas compris, vous ne comprenez pas...
Qu'il a fait tout cela du droit... du droit d'un père
Qui veut sauver son fils !

GEORGE.

Qu'entends-je !

MARIE.

Quel mystère !

GEORGE.

Mon père!... ah!

Il veut se jeter à ses pieds.

ROBERT DURHAM.

Mes enfants... Embrassez-moi d'abord ;
Sur mon cœur... sur mon cœur, mon fils !

George et Marie se précipitent dans ses bras.

DUROSOIR, à part, après avoir contemplé ce tableau de famille.

Pur âge d'or !

FIN D'UN JEUNE HOMME.

DISCOURS

POUR

LA CLOTURE DE L'ANNÉE THÉATRALE

DU SECOND THÉATRE-FRANÇAIS [1]

16 juin 1842.

L'Odéon va fermer, dit l'un; mourir, dit l'autre.
Je ne sais pas, Messieurs, quel avis est le vôtre;
Mais, si vous permettez que je donne le mien,
Je crois que l'Odéon se porte encor très-bien;
Je dirai même plus, sans offenser personne,
Je crois que sa santé ne fut jamais si bonne.
Pourquoi donc ferme-t-il alors, répondra-t-on.
Voilà précisément la grande question !

Il ferme, si j'en crois des amis d'outre-Seine,

---

1. Prononcé par M. Monrose.

Parce que le public a déserté sa scène.
Heureusement, Messieurs, prenant notre parti,
Votre présence ici leur donne un démenti.

Si j'en crois un monsieur, moins méchant, plus caustique,
La trop belle saison nous fait fermer boutique ;
Et les pauvres acteurs, déguisés en rentiers,
S'en vont dans leurs châteaux, dormir sous des lauriers.
Certes, nous aimerions, comme vous, la campagne ;
Mais, hélas ! nos châteaux sont bien loin... en Espagne.
Quant aux nobles lauriers dont on nous dit couverts,
Malgré la canicule, ils sont encor trop verts.

Non, rien de tout cela, Messieurs, ne nous engage,
Ouvriers courageux, à renier l'ouvrage ;
La tâche est commencée, et nous l'achèverons ;
Viennent de mauvais jours, nous les supporterons.
Qui pourrait en douter... Nous avons fait nos preuves.
N'avons-nous pas souffert de bien rudes épreuves ?
Et l'on ose parler de découragement !
Messieurs, daignez encor m'écouter un moment.
Non, nous ne pensons pas à quitter la partie ;
Ma voix par nul de nous ne sera démentie ;

L'Odéon, grâce à vous, n'a plus peur de mourir ;
Il va fermer pourtant... Mais c'est pour mieux rouvrir !

Réussir est beaucoup, tenter est quelque chose.
Nous vous avons donné tant de vers, tant de prose,
Que même, par malheur, lorsque nous nous trompions,
Vous nous avez su gré de nos intentions.
Nous vous avons joué d'honnêtes comédies,
Des drames effrayants, même des tragédies ;
Nous en avons encor, qui vous plairont, je crois ;
Patience, Messieurs, deux mois, rien que deux mois !
Ce qui vous a suffi ne peut plus nous suffire,
A de plus grands effets notre amour-propre aspire ;
Nous passons avec vous, ce soir, un nouveau bail,
Et demain, dès le jour, nous serons au travail.
Pendant deux mois, non pas de plaisirs, mais de veilles,
Nous vous préparerons de petites merveilles ;
Acteurs, auteurs, chacun pour vous plaire empressé,
Au moment où je parle, à son poste est placé.
Nous promettons beaucoup, nous tiendrons plus peut-être.
L'art va mourir, dit-on ; l'art peut toujours renaître !
Les talents, quels qu'ils soient, connus ou non connus,
Lorsqu'ils viendront chez nous, seront les bienvenus ;

Nous sommes fiers d'ouvrir, comme un amphithéâtre,
A tous les jeunes cœurs notre jeune théâtre !
C'est un but généreux, l'Odéon doit unir
Aux gloires du passé celles de l'avenir !

Nous vivrons, nous vivrons ; à nos vœux tout succède,
La faveur du public nous est venue en aide,
Et la presse, indulgente à nos premiers essais,
Nous traite galamment de Théâtre-Français.
— Quel mot ai-je dit là ! Souffrez que je m'explique ;
N'allez pas nous brouiller avec la république !
Le Théâtre-Français est notre frère aîné ;
Pour exemple, pour but, à tous il est donné ;
Nous lui devons respect et payons notre dette !
Lui, doit protection à sa branche cadette,
Et nous espérons bien, malgré les bruits jaloux,
Pouvoir compter sur lui, qui peut compter sur nous !
Vous aussi, jeunes gens aux âmes artistiques,
Vous nous avez offert des appuis sympathiques,
Merci... qui tomberait en marchant avec vous !
Dernièrement, enfin, comme moi, comme tous,
Vous le savez... du haut d'une grande tribune,
On a parlé pour nous de meilleure fortune ;

Il faut attendre encore. Eh bien, nous attendrons.
L'espoir soutient le cœur... nous vivrons! nous vivrons!

Chacun de nous, Messieurs, à ce moment suprême,
A voulu devant vous se présenter lui-même;
Vous nous avez prêté vos bienveillants concours;
Nos cœurs reconnaissants s'en souviendront toujours.
Interprète de tous, pour tous je vous rends grâces.

Mais avant de sortir, retenez bien vos places,
Messieurs, car l'Odéon, prêt à fermer ce soir,
Vient vous dire, non pas adieu, mais au revoir!

DISCOURS

POUR

L'OUVERTURE DE L'ANNÉE THÉATRALE

DU SECOND THÉATRE-FRANÇAIS [1]

28 septembre 1843.

Pardon... j'aurais deux mots à vous dire tout bas.
Veuillez donc bien m'entendre, et ne me sifflez pas.
S'il faut que quelque chose ou quelqu'un vous déplaise,
Vous vous rattraperez plus tard, tout à votre aise.
Ce respectable droit qu'on achète en entrant,
Pour vous le contester, est un plaisir trop grand.
Quant à moi, qui viens là, sans rouge et sans costume,
Rajeunissant ce soir une vieille coutume,
Je ne veux que vous dire, au nom de l'Odéon :
Soyez les bienvenus, amis de la maison.
De ma commission souffrez que je m'acquitte...
Je voudrais, comme vous, en être déjà quitte !

1. Prononcé par M. Monrose.

Avant d'aller au but, pendant que je vous tiens,
Si nous causions un peu des poëtes anciens?
Cela n'est pas très-gai, d'accord ; mais les grands maîtres
Autrefois en usaient ainsi chez nos ancêtres.
Les noms propres font bien en tête d'un discours ;
On a beau les connaître, ils vous plaisent toujours.
Rarement du public les oreilles s'en lassent ;
On aime à leur ôter son chapeau lorsqu'ils passent.
Quand un théâtre ferme, ou quand il veut rouvrir ;
Quand un roi vient de naître, un savant de mourir,
Quand du premier venu, célèbre ou non célèbre,
Monsieur n'importe qui fait l'oraison funèbre...
A tout propos, enfin, quand on veut se mêler,
Sans avoir rien du tout à dire, de parler ;
Bien vite on a recours aux beaux noms de l'histoire.
Les petits orateurs ont très-grande mémoire !
Je pourrais, rapprochant le présent du passé,
Dans un savant discours montrer ce que je sai ;
De son sommeil classique éveiller Aristote,
Ou vous ressusciter quelque antique anecdote.
Mais à quoi servirait? à peu de chose... à rien,
De comparer Eschyle avec Corneille, ou bien
D'asseoir l'un près de l'autre, et sur un même socle,

Le buste de Racine et celui de Sophocle;
Et, pour la rime enfin, d'égaler en succès
Au Voltaire des Grecs l'Euripide français !
Tout cela mille fois s'est dit en très-bon style ;
Et vous le répéter plus mal, est inutile.
Ce n'est pas que je veuille insulter au drapeau ;
Le beau, je le sais bien, Messieurs, est toujours beau !
Et je ne prétends pas, comme un cerveau malade,
Contre l'antiquité prêcher une croisade.
Les vieux, qui ne sont pas si vieux qu'ils en ont l'air,
Pourraient rendre des points aux jeunes gens d'hier.
Les jeunes gens, du reste, ont aussi leur mérite ;
A combattre avec nous l'Odéon les invite.
Pour notre grand voyage en partant aujourd'hui,
De tous, jeunes et vieux, nous invoquons l'appui.
Tous concourront ensemble au salut de la flotte...
A de jeunes rameurs il faut un vieux pilote !

Ah çà mais, je fais là, pour rien, beaucoup de bruit ;
Et vous vous demandez où ce bruit nous conduit.
L'Odéon, innocent de tant de bavardage,
Ne m'avait pas chargé d'un aussi long message.
Je venais seulement vous parler en son nom;

De ce qu'il a pu faire, et veut faire de bon.
Naguère, au mauvais sort quand il était en butte,
Vos encouragements ont soutenu sa lutte.
Vous l'avez si longtemps et si bien protégé,
Que, d'enfant qu'il était, en homme il s'est changé ;
De progrès en progrès, grâce à vous, il s'avance ;
Le progrès est son but... et votre récompense !

Ses finances, d'abord, sont enfin en progrès ;
Car les représentants de tous les intérêts
Ont fait en sa faveur un acte académique,
En lui votant, au nom de la France artistique,
A la majorité de deux voix... un trésor !
Soixante mille francs !... la moitié d'un ténor !
C'est peu, me dira-t-on ; c'est beaucoup, c'est la vie,
C'est l'honneur... L'Odéon accepte et remercie.
Cela nous a sauvés, nous le crions bien haut ;
Nos cœurs reconnaissants ne sont pas en défaut.
Et puis, en faisant bien, on apprend à mieux faire...
Vous savez, le progrès est notre grande affaire.
Le précieux mandat qui nous est confié,
Messieurs, par tant d'efforts sera justifié ;
Nous enchanterons tant vos cœurs et vos oreilles,

Nous inventerons tant de petites merveilles,
Nous vous donnerons tant de Grecs et de Romains,
En un mot, nous ferons tant des pieds et des mains,
Que, pour récompenser nos vers et notre prose,
L'an prochain, on voudra là-bas doubler la dose.
Et nous accepterons toujours... je le promets.
Nous sommes trop polis pour refuser jamais !

En attendant, Messieurs, que le mieux nous arrive,
Le bien est déjà bien, et permettra qu'on vive.
Aussi ce soir, après un repos de trois mois,
Nous revenons à vous plus joyeux qu'autrefois.
Nous avons pour l'hiver nos provisions faites,
Des ouvrages de grands et de petits poëtes,
Du classique nouveau, du romantique ancien ;
Des acteurs... autant vaut que je n'en dise rien ;
Vous avez trop bon goût pour ne pas voir bien vite
Qu'ils sont tous, moi compris, gens du plus haut mérite.
Chacun est à son poste, ou bientôt y sera.
Voulez-vous du comique? on vous en donnera.
Voulez-vous du tragique? A notre heureux théâtre
Le boulevard du crime a rendu Cléopâtre [1].

1. Mademoiselle Georges.

Tandis que, désertant un autre boulevard,
Et changeant aujourd'hui sa quenouille en poignard,
Le front brillant encor d'une gloire nouvelle,
Lucrèce [1] nous revient, et Tullie avec elle !

Nous voilà bienheureux !... nous allons maintenant
Lever dans l'opulence un front impertinent.
Nous allons à notre aise, insouciants artistes,
Faire fi du public comme des journalistes !
Cela se dit, Messieurs ; on me l'a dit, à moi.
On vous l'a dit de même, et nous savons pourquoi.
Quel bonheur de pouvoir, sans montrer de rancune,
Écraser l'Odéon sous sa bonne fortune !
Quel bonheur de pouvoir changer en ennemis,
La presse et le public, ses deux meilleurs amis !
On n'y parviendra pas, Messieurs, et, quoi qu'on fasse,
Nous conservons encor du crédit sur la place.
La presse et le public, quand seuls nous combattions,
Furent pendant deux ans, nos deux subventions.
Aujourd'hui, comme alors, ils sont notre refuge,
Notre appui, notre espoir, et surtout notre juge.

Je ne veux pas parler de cinq à six procès

1. Madame Dorval joua d'abord le rôle de Lucrèce, puis celui de Tullie.

A ce pauvre Odéon intentés sans succès.

Thémis, avec regret, envahissant la scène,

Tous les jours, par huissier, visite Melpomène,

Afin de lui prouver que Messieurs tel et tel

Ont beaucoup de talent... et cela sans appel !

Un bien autre procès, Messieurs, nous intéresse.

Ce procès, l'an passé, fut plaidé par Lucrèce.

Nous le continûrons, sans nous inquiéter

Des bruits qui, du dehors, voudraient nous arrêter !

Votre Odéon, sur vous, de son sort se repose...

C'est devant vous, Messieurs, qu'il veut gagner sa cause.

DISCOURS

POUR LE SECOND BANQUET ANNUEL

DES

ANCIENS ÉLÈVES DU COLLÉGE DE SENS

7 décembre 1844.

Amis... Mais à ce mot qui vient vous prendre en traître,
Je vous vois tous pâlir... avec raison peut-être.
Et, tandis que les uns se demandent tout bas :
Quel est donc cet ami que je ne connais pas ?
Les autres, indignés qu'une voix importune
Prétende transformer cette table en tribune,
Maudissent l'orateur dont le triste discours
Vient de leurs gais propos interrompre le cours !

L'instant est mal choisi, j'en conviens ; à cette heure,
Quelque folle chanson nous semblerait meilleure ;
Et les alexandrins que je vais vous donner
Auront deux ou trois pieds de plus qu'avant dîner.

Je vous les dirai tous, cependant, quoi qu'on fasse ;
Quand je tiens un public, je ne lui fais pas grâce !
On m'a dit de parler, je parle... bien ou mal,
Peu m'importe... parler est le point principal.

Le plus embarrassant... vous le savez de reste,
N'est pas d'ouvrir la bouche en faisant quelque geste ;
D'un peu de pantomime, et de beaucoup de voix,
Messieurs les avocats se contentent parfois ;
Et l'on est trop heureux de trouver ce remède,
Quand on n'a rien à dire et qu'il faut que l'on plaide.
J'en suis là justement, à peu de chose près...
On m'a pris les bons mots que je vous préparais.
Tout ce que j'aurais dit en cette circonstance,
Un autre, plus adroit, vous l'a mieux dit d'avance ;
Un collègue, en qui j'aime à trouver un aîné,
Dans le champ où je glane a déjà moissonné.
Pour la première fois, voilà dix mois à peine,
Des banquets fraternels inaugurant l'étrenne,
Il vous en raconta les plaisirs et l'objet ;
Bref, l'aimable gourmand écréma mon sujet ;
Et, buvant avant moi dans la coupe remplie,
Il ne m'a laissé rien au fond qu'un peu de lie.

Me pardonnerez-vous de vous dire après lui :
Par notre ancien chemin repassons aujourd'hui ;
Tournons vers le berceau nos regards en arrière...
Voici Sens... ma nourrice, amis... et votre mère !
Sens, dont chacun de nous garde un cher souvenir ;
Sens, que l'on a quittée... où l'on doit revenir !
Là-bas, sous le vieux mail, à la grande ombre verte,
La reconnaissez-vous... c'est notre cage ouverte !
Aujourd'hui nous l'aimons... Nous la maudissions tous,
Dans ces beaux jours qui sont, grâce au ciel, loin de nous,
Quand, du matin au soir, retenus par les pattes,
Nous battions ses barreaux de nos ailes ingrates.
Enfin, pauvres aiglons désabusés du sol,
Nous avons vers le ciel, un jour, pris notre vol ;
Riches d'illusions au jeune âge permises,
Nous partions triomphants pour des terres promises ;
Et déjà, sur la route, où nous chantons sans eux,
Quelques-uns sont tombés... Sont-ils les moins heureux ?

Mais que dis-je ? voilà que ma philosophie
Abuse étrangement du droit qu'on me confie ;
Ce spleen anglo-germain n'a pas le sens commun ;
Je vous parle au dessert comme un poëte à jeun !

Oublions du passé les souvenirs sévères,
Quand Bacchus-Champenois frémit au bord des verres,
Impatient qu'il est de prendre son essor
Pour épancher sur nous son ivresse à flots d'or !
Que nul pieux regret n'assombrisse la fête ;
Amis, fermons nos cœurs, et livrons notre tête !
Égoïstes heureux, ne songeons même pas
A nos illustres morts, aïeux de ce repas,
Dont les noms, rappelés par des bouches fidèles,
Pourraient, en d'autres temps, nous servir de modèles.

Je vous aurais parlé de ces frères aînés,
Sur nos bancs du collége avant nous enchaînés,
Dont Sens avec orgueil honore en sa mémoire
Les utiles travaux et la modeste gloire :
Ministre, magistrat, savant, poëte, abbé,
Salgue, Hébert, Campenon, Boudrot... tous les Tarbé !
Et ce noble vivant, l'élu de la science,
Thénard qui parmi nous brille... par son absence !

Je vous aurais parlé sur un ton moins pompeux,
De deux braves amis que nous connaissons mieux ;
De l'excellent Donet, notre ancien capitaine,

DISCOURS.

Du bourru bienfaisant Blondeau-Croquemitaine;
Ensemble unis jadis dans nos jeunes terreurs,
Aujourd'hui dans nos toasts, et toujours dans nos cœurs !

Mais les absents ont tort !... morts ou vivants, n'importe ;
A tout autre que nous, qu'on ferme bien la porte.
Si bons qu'ils soient, amis, nous valons mieux que tous !
Ne pensons donc qu'à nous, ne parlons que de nous !
Nous sommes les enfants dont Sens est le plus fière !
Le plus petit de nous est plus grand que son père !
Nous irons tous ensemble à la postérité !
C'est moi qui vous le dis, moi qui, de tout côté,
Ne vois briller ici que d'illustres confrères,
D'illustres avoués et d'illustres notaires !
D'illustres commerçants, d'illustres financiers,
D'illustres magistrats et d'illustres guerriers !
D'illustres médecins, aimables camarades,
Qui voudraient bien chez nous racoler des malades ;
D'illustres employés, d'illustres avocats,
D'illustres écrivains... ne nous oublions pas !

Illustres Sénonnais, c'est à nous qu'il faut boire !
Buvons à nos santés... buvons à notre gloire !

Buvons surtout, buvons à la vieille amitié
Qui rend le vin meilleur et plus pur de moitié !
Buvons aux triumvirs, grands maîtres de la fête,
Par qui de nos banquets l'élégance s'apprête !
— Et quand chacun ce soir reprendra son chemin,
Amis, promettons-nous, en nous serrant la main,
De revenir encore à cette même table,
Nous asseoir, dans un an, pour un festin semblable...
Meilleur !... car vous aurez, j'en donne ici ma foi,
Du Champagne à plein verre... et pas un vers de moi !

DISCOURS

POUR LE SIXIÈME BANQUET

DES

ANCIENS ÉLÈVES DU COLLÉGE DE SENS

2 décembre 1848.

Je vous avais promis de n'y plus revenir ;
    Et me voilà... je le regrette.
  Serments d'ivrogne et serments de poëte
    Sont difficiles à tenir.

A cette même table, à cette même place,
Tournant vers le berceau nos yeux et notre cœur,
    De la jeunesse qui s'efface,
    Je vous parlais avec bonheur.

    Le couchant sourit à l'aurore !
    Avec vous, mes premiers amis,

J'aimais à parcourir encore
Les chemins parcourus jadis.

Alors que tout riait à notre âme sereine,
Les souvenirs étaient bien doux.
Une grave pensée aujourd'hui nous entraîne,
Et nous regardons devant nous !

Amis, c'est pour cela que j'ai voulu vous dire
Des paroles d'espoir qu'il est bon d'écouter ;
Les poëtes, que Dieu les trompe ou les inspire,
Quand tout pleure, doivent chanter !

La foudre a grondé sur nos têtes,
Le sol a tremblé sous nos pas ;
Mais les volcans et les tempêtes,
Contre nous ne prévaudront pas.

Sans trembler, sur le sol qui tremble,
Sous le ciel qui gronde là-haut,
Il faut marcher droit... mais il faut
Pour marcher droit, marcher ensemble !

Cette fraternité, je l'aime et la comprends;
Elle est notre bonheur et sera notre force ;

Partis du même port pour des buts différents,
Quand la guerre de tous, des petits et des grands,
    A brûlé sa première amorce,
    Pour combattre, serrons nos rangs !

Qu'ai-je dit, amis, pour combattre !
Quelle ardeur belliqueuse, hélas ! vient m'enflammer ?
Par les divisions sans nous laisser abattre,
    Serrons-nous, pour mieux nous aimer.

    L'heure est bien choisie entre toutes
    Pour se compter, pour se revoir ;
    Dans nos âmes pleines de doutes,
    L'espérance rentre ce soir.

Espérons, espérons !... l'horizon de la France
Derrière ce nuage est encor radieux ;
    Au milieu du chaos immense,
    L'humanité toujours avance,
    Et l'avenir brille à nos yeux.

    Espérons... quand le roseau plie,
    Il est prêt à se relever ;

Le nœud fraternel qui nous lie
Est assez fort pour tout braver.

Espérons... l'espérance est sainte,
Et porte les fruits les plus doux;
A sa voix levons-nous sans crainte;
Elle est l'étoile d'or qui nous guidera tous.

Amis, nous lui devons cette heureuse journée.
Bientôt, nous séparant encor,
Pour le voyage d'une année
Chacun reprendra son essor.

Mais que chacun du moins, sans songer au naufrage,
Parte d'ici, fortifié;
Et dans un an revienne, en chantant sur la plage,
Au rendez-vous de l'amitié.

DISCOURS

POUR LE DOUZIÈME BANQUET

DES

ANCIENS ÉLÈVES DU COLLÉGE DE SENS

(ÉRIGÉ EN LYCÉE IMPÉRIAL.)

3 décembre 1854.

Nous l'avons tour à tour chanté, gais ou sévères,
Ce vieux collége, ami de nos jeunes travaux;
Pour lui ce soir encor le joyeux choc des verres
    Nous invite à des chants nouveaux!

Heureux de retourner, en marchant dans la vie,
Du côté du berceau nos yeux reconnaissants,
Suivons ensemble, amis, la route tant suivie
    Qui mène de Paris à Sens!

Nous les retrouverons à leur antique place
Nos remparts éternels par les Romains bâtis,

Qui nous firent parfois, aux heures de la classe,
Trembler, quand nous étions petits !

Nous les retrouverons nos studieuses salles,
Où le travail jadis nous paraissait si dur,
Et, dans la grande cour, la trace de nos balles
Empreinte encore sur le mur !

Nous les retrouverons vivants, ineffaçables,
Nos bonheurs, nos ennuis, nos jeux, nos pleurs versés ;
De plaisirs fugitifs impressions durables,
Doux souvenirs des maux passés !

Nous la retrouverons enfin la cage aimée,
D'où gaîment, un beau soir, nous nous sommes enfuis,
Et qui, s'ouvrant toujours, s'est toujours refermée,
Sur les pères et sur les fils !

Derrière notre mail, dont l'ombre la protége,
C'est elle, la voilà !... vous la reconnaissez !
— Mais non, tout a changé, ce n'est plus le collége,
Ce ne sont plus les grands fossés !

Respectés par le temps, respectés par la guerre,
Les fossés sont remplis, les remparts sont à bas ;

DISCOURS.

Que font là ces deux murs d'une blancheur vulgaire ?
    Ce n'est plus le collége, hélas !

C'est mieux que le collége, amis, c'est le lycée !
Ne les insultons pas ces murs qui noirciront ;
Du vieux lierre sur eux la trace est effacée ;
    De jeunes lauriers y viendront !

Notre ancienne maison a doublé son enceinte ;
Le Dieu nouveau trouvait le temple trop petit,
Accourez, jeunes gens, de la lumière sainte
    Pour vous le foyer s'agrandit !

Le travail est la loi du monde, a dit un sage.
Il en est le besoin, et le premier de tous.
A cet hôte divin, enfants, rendez hommage ;
    C'est le travail qui vient à vous !

Travaillez !... hâtez-vous de devenir des hommes ;
Le mérite aujourd'hui marque à chacun son rang ;
C'est par le travail seul, dans le siècle où nous sommes,
    Qu'on est petit ou qu'on est grand !

Travaillez !... tout s'émeut !... Les arts et l'industrie
Convoquent l'univers à de nobles combats,

Et, pour de grands devoirs, notre mère patrie
  Réclame des cœurs et des bras !

Faites plus, faites mieux que ne firent vos frères ;
Ils labouraient le champ où vous moissonnerez ;
Ils marchaient dans la nuit, incertains, solitaires...
  Au grand soleil vous les suivrez !

Chers lycéens de Sens, vos aînés vous attendent ;
A l'appel d'aujourd'hui vous répondrez demain ;
D'ici déjà nos mains vers les vôtres se tendent ;
  Faites la moitié du chemin !

Venez à nous, venez, amis que l'on ignore ;
Prenez place sans crainte au banquet des anciens ;
Le collége n'est plus ; pour le chanter encore
  Soyons tous des collégiens !

Notre tâche finit... la vôtre est commencée ;
Puissent de forts liens étroitement unir
Les hommes du collége aux enfants du lycée,
  Et le présent à l'avenir !

FIN.

TABLE

DU TOME DEUXIÈME.

LE BARON DE LAFLEUR.   1

L'AVOCAT DE SA CAUSE. 131

UN JEUNE HOMME. 211

DISCOURS EN VERS. 335

PARIS. — IMPRIMERIE DE J. CLAYE, RUE SAINT-BENOIT, 7.

DU MÊME AUTEUR :

LÉONCE, comédie en trois actes, en prose, mêlée de couplets (en société avec BAYARD), représentée au théâtre des Variétés.

LE DERNIER BANQUET DE 1847, revue en deux actes, en vers, représentée au second Théâtre-Français.

LE CHANT DU CYGNE, drame en un acte, en vers, représenté au second Théâtre-Français.

LE 6 JUIN 1606, à-propos en un acte, en vers, représenté au second Théâtre-Français.

POÉSIES.

www.ingramcontent.com/pod-product-compliance
Lightning Source LLC
Chambersburg PA
CBHW050544170426
43201CB00011B/1556